高等职业教育“十三五”创新型规划教材

# 财务会计实训教程

（第二版）

主　编　常　茹
副主编　薛　媛

中国财经出版传媒集团
经济科学出版社
Economic Science Press

图书在版编目（CIP）数据

财务会计实训教程/常茹主编．—2版．—北京：经济科学出版社，2019.1（2020.1重印）
高等职业教育“十三五”创新型规划教材
ISBN 978-7-5218-0170-5

Ⅰ.①财…　Ⅱ.①常…　Ⅲ.①财务会计-高等职业教育-教材　Ⅳ.①F234.4

中国版本图书馆CIP数据核字（2019）第011534号

责任编辑：于海汛
责任校对：曹育伟
责任印制：李　鹏

财务会计实训教程（第二版）
主　编　常　茹
副主编　薛　媛
经济科学出版社出版、发行　新华书店经销
社址：北京市海淀区阜成路甲28号　邮编：100142
总编部电话：010-88191217　发行部电话：010-88191522
网址：www.esp.com.cn
电子邮件：esp@esp.com.cn
天猫网店：经济科学出版社旗舰店
网址：http://jjkxcbs.tmall.com
北京密兴印刷有限公司印装
787×1092　16开　14.25印张　360000字
2019年1月第1版　2020年1月第2次印刷
印数：4501—7500册
ISBN 978-7-5218-0170-5　定价：32.00元
（图书出现印装问题，本社负责调换。电话：010-88191510）

# 前　　言

企业财务会计是现代企业会计的重要组成部分，学好企业财务会计，不仅有利于提高企业会计人员的核算和管理水平，也有利于增强企业会计人员的参谋和筹划能力。会计是一门实践性很强的学科，为了弥补高校课程体系中理论过多、实践过少的不足，有助于学生更好地学习企业财务会计课程，我们组织编写了与经济科学出版社出版发行的高等职业教育“十三五”创新型规划教材——《财务会计》相配套的《财务会计实训教程》，以满足高等院校和社会经济人才培养的需要。

本实训教程所涉及的经济业务共分为上下两册，上册主要针对企业所发生的与资产增减变动有关的经济业务，下册主要针对企业负债、所有者权益、收入、费用、利润的核算，以及编制财务报表。

本实训教程由陕西财经职业技术学院常茹主编，薛媛担任副主编。全书共分为五个部分，第一部分、第五部分由常茹编写，第二部分、第三部分、第四分部由薛媛编写。全书由常茹负责总体构架设计、修改、补充、定稿。

本书在编写过程中，参阅了大量的有关教材和文献资料，在此谨向有关教材及资料的作者致以诚挚的谢意。由于时间仓促，编者水平有限，疏漏或不足之处在所难免，欢迎读者批评指正。

**编　者**

2018 年 12 月

# 目　　录

## 第一部分

# 《财务会计》实训说明

### 一、财务会计实训的目的及任务

通过实训使学生对某一会计主体在某一时期内发生的各类经济业务，按真实的核算要求，完成填制并审核原始凭证、填制并审核记账凭证、登记账簿、编制财务报表等会计核算工作。它是《财务会计》课程课堂教学的延续，也是会计岗位工作的演习。具体来说其目的主要包括：

（1）全面巩固课堂学习的理论知识，增强感性认识，为会计专业课程的学习和岗位工作实践打下基础。

（2）进一步掌握会计核算的基本技能，提高学生动手能力，包括审核原始凭证的能力、填制记账凭证的能力、设置登记各类账簿的能力、编制财务报表的能力、账目稽核能力等。

（3）培养学生认真细致、一丝不苟的工作作风，以及理论联系实践的学习态度。

### 二、财务会计实训内容及能力标准

| 序号 | 项目名称 | 主要内容 | 应达到的能力标准 |
|---|---|---|---|
| 1 | 期初建账 | 1. 建明细分类账<br>2. 建总分类账<br>3. 建日记账 | 能正确地开设总分类账、明细分类账、现金日记账和银行存款日记账 |
| 2 | 填制和审核原始凭证 | 1. 根据有关经济业务填制原始凭证<br>2. 审核原始凭证 | 能正确地填制和审核原始凭证 |
| 3 | 填制和审核记账凭证 | 1. 根据有关经济业务填制记账凭证<br>2. 审核记账凭证 | 能正确地填制和审核记账凭证 |
| 4 | 登记明细分类账 | 根据审核无误的记账凭证登记各类明细分类账 | 能准确、无误地登记明细分类账 |
| 5 | 登记总分类账 | 根据明细分类账登记总分类账 | 能准确、无误地登记总分类账 |

续表

| 序号 | 项目名称 | 主要内容 | 应达到的能力标准 |
| --- | --- | --- | --- |
| 6 | 编制试算平衡表 | 根据总账期初余额、本期借贷方发生额及期末余额编制试算平衡表 | 能准确、无误地编制试算平衡表并进行试算平衡 |
| 7 | 对账、结账 | 1. 在各种账簿中进行对账 | 能对各种账簿进行对账和结账 |
| | | 2. 对各种账簿进行结账 | |
| 8 | 编制财务报表 | 1. 编制资产负债表 | 能正确地编制资产负债表和利润表 |
| | | 2. 编制利润表 | |
| 9 | 归档 | 1. 整理凭证、账本、报表 | 能准确整理和装订凭证、账本、报表，并归档管理 |
| | | 2. 装订凭证、账本、报表 | |
| | | 3. 将会计资料归档管理 | |

## 三、财务会计实训的一般要求

要求每个学生必须对所有经济业务按实际会计工作的要求，独立进行操作，最终把证、账、表资料装订成册，形成实训成果。具体包括：

（1）进行实训时，必须正确理解原始凭证所反映经济业务的具体内容，在进行认真思考确认无误后方可进行具体处理。为了防止出现错误和遗漏，做完后应认真加以检查和复审。

（2）会计实训相当于实际工作过程，因此，应按照实际会计核算的具体要求，依次做好会计凭证的填制、账簿的登记和会计报表的编制工作。

（3）实训所用的各种凭证、账簿和报表一律使用国家统一会计制度要求使用的格式。凭证账簿、报表上所列的项目要按规定填写清楚、完整。

（4）在填制会计凭证、登记账簿和编制会计报表时除按规定必须使用红墨水书写外，所有文字、数字书写都应该使用蓝（黑）墨水书写，不准使用铅笔和圆珠笔（复写凭证除外）。

（5）在实训过程中，对于出现的账务处理错误，应按规定的方法更正，不得任意涂改，刮擦挖补。

（6）文字和数字书写要正确、整洁、清楚、流畅。

## 四、实训用纸

本实训教程内有关经济业务分为上下两册。

### （一）上册用纸

1. 凭证封面：1 张
2. 收款凭证：7 张
3. 付款凭证：22 张
4. 转账凭证：43 张
5. 账簿封面：1 张
6. 总分类账：26 张

7. 银行存款日记账：4 张

8. 现金日记账：2 张

9. 三栏式明细账：10 张（其他货币资金、交易性金融资产、应收账款、应付账款、预付账款、应交税费）

10. 数量金额式明细账：7 张（原料及主要材料、辅助材料、外购半成品、库存商品、周转材料）

11. 横线登记式明细账：2 张（应收票据、在途物资、其他应收款）

12. 应交增值税明细账：3 张

13. 科目汇总表：2 张

14. 资产负债表：1 张

15. 利润表：1 张

（二）下册用纸

1. 凭证封面：1 张

2. 收款凭证：13 张

3. 付款凭证：26 张

4. 转账凭证：34 张

5. 账簿封面：1 张

6. 总分类账：31 张

7. 银行存款日记账：4 张

8. 现金日记账：2 张

9. 三栏式明细账：14 张（应收账款、应付账款、预收账款、应交税费、应付职工薪酬、利润分配）

10. 数量金额式明细账：5 张（原料及主要材料、辅助材料、库存商品）

11. 应交增值税明细账：3 张

12. 发生额及余额试算平衡表：2 张

13. 资产负债表：1 张

14. 利润表：1 张

## 第二部分

# 会计实训基本规范

### 一、会计书写规范

（一）会计书写基本规范

会计书写规范是指会计工作人员，在经济业务活动的记录过程中，对接触的数字和汉字的一种规范化书写以及书写方法。会计工作离不开书写，没有规范的书写就没有会计工作质量。书写规范也是衡量一个会计工作人员素质高低的标准。一个合格的会计人员，首先书写应当规范，这样才能正确、清晰地书写计算结果，为决策者提供准确、可靠的会计信息，更好地为经济决策服务。

会计书写的内容包括阿拉伯数字书写和汉字书写两大部分。在一些外资企业，有时需用外文记账，外文字母的书写也应当规范。

会计书写基本规范的要求：正确、规范、清晰、整洁、美观。

（1）正确。指对业务发生过程中的数字和汉字要准确、完整地记录下来，这是书写的基本前提。只有对所发生的经济业务正确地反映出其发生的全过程、内容及结果，书写才有意义。

（2）规范。指对有关经济活动的记录书写一定要符合财会法规和会计制度的各项规定，符合对财会人员的要求。无论是记账、核算、分析、编制报表，都要书写规范、数字准确、文字适当，分析有理，要严格按书写格式书写，文字以国务院公布的简化汉字为标准，数字按规范要求书写。

（3）清晰。指字迹清楚，容易辨认，账目条理清晰，使人一目了然，无模糊不清之感。

（4）整洁。指账面干净、清洁，文字、数字、表格条理清晰，整齐分明。书写字迹端正，大小均匀，无参差不齐及涂改现象。

（5）美观。书写除准确、规范、整洁外，还要尽量使结构安排合理，字迹流畅、大方，给人以美感。

会计工作人员一般都要有两枚姓名章，一枚方形姓名章，用于原始凭证、记账凭证、会计报表等指定位置的签章；另一枚为小长方形姓名章，用于更正数字，规格为 16 厘米 ×4 厘米。在凭证、账簿、报表上盖姓名章时，一般用红色印油。在各种会计资料上签名时，要签姓名全称。

## （二）数字书写规范

阿拉伯数字书写规范是指要符合手写体的规范要求。阿拉伯数字，是世界各国的通用数字，书写的顺序是由高位到低位，从左到右依次写出各位数字。

**1. 数字书写的要求**

（1）高度。每个数码要紧贴底线书写，其高度占全格的1/2。

（2）角度。各数字的倾斜度要一致，一般要求上端向右倾斜60度。

（3）间距。每个数字要大小一致，数字排列应保持同等距离，每个字上下左右要对齐。在印有数位线的凭证、账簿、报表上，每一格只能写一个数字，不得几个字挤在一个格里，也不得在数字中间留有空格。

（4）要保持个人的独特字体和本人的书写特色，使别人难以模仿或涂改。

除此之外，不要把“0”和“6”、“1”和“7”、“3”和“8”、“7”和“9”写混。在阿拉伯数码的整数部分，可以从小数点起向左按“三位一节”空1/4汉字的位置或用分位点“,”分开。

**2. 数字书写错误的更正方法**

数字书写错误一般采用划线更正法。如写错一个数字，不论在哪位，一律用红线全部划掉，在原数字的上边对齐原位写上正确数字。

## （三）汉字书写规范

与经济业务活动相联系的汉字书写包括数字的大写和企业名称、会计科目、费用项目、商品类别、计量单位以及摘要、财务分析报表等的书写等。

**1. 文字书写的基本要求**

（1）简明扼要准确。指用简短的文字把经济业务发生的内容记述清楚，在有格限的情况下，文字数目多少，要以写满但不超出该栏格为限。会计科目要写全称，不能简化，子、细目要准确，符合会计制度的规定，不能用表述不清、记叙不准的语句或文字。

（2）字迹工整清晰。指书写时用正楷或行书，不能用草书；不宜过大，一般上下要留空隙，也不宜过小；不能过于稠密，要适当留字距；不能写得大小不一。

**2. 中文大写数字的写法**

中文大写数字是用于填写需要防止涂改的销货发票、银行结算凭证、收据等，因此，在书写时不能写错。如果写错，则本张凭证作废，需重新填制凭证。数字大写的基本要求：

（1）大写金额前要冠以“人民币”字样，“人民币”与金额首位数字之间不留空位，数字之间更不能留空位，写数与读数顺序要一致。

（2）人民币以元为单位，元后无角分的需要写“整”字。如果到角为止，角后也可以写“整”字；如果到分为止，分后不写“整”字。

（3）金额数字中间连续几个“0”字时，可只写一个“零”字，如500.70元，应写作人民币伍佰元零柒角整。

（4）表示位的文字前必须有数字，如拾元整应写作壹拾元整。

（5）切忌用其他字代替，如“零”不能用“另”代替、“角”不能用“毛”代替等。

**3. 摘要的书写**

汉字书写中包括摘要的书写，主要包括记账凭证摘要、各种账簿摘要等。摘要是记录经济业务的简要内容，填写时应用简明扼要的文字反映经济业务概况。摘要书写的一般要求：

（1）以原始凭证为依据。

（2）正确反映经济业务的内容。

（3）文字少而精，说明主要问题。

（4）书写字体占格的1/2为宜。

（5）字迹与汉字书写要求相同，要工整、清晰、规范。

不同类型的经济业务填写摘要栏没有统一格式，但同一类型的经济业务填写摘要时，文字表达是有章可循的。

## 二、会计凭证规范

### （一）原始凭证填制规范

根据《中华人民共和国会计法》（以下简称《会计法》）和《会计基础工作规范》的规定，填制原始凭证应符合以下要求：

**1. 反映要真实**

在填制原始凭证时，应使凭证上所记载内容同发生业务的实际情况保持一致，即凭证上的日期、经济业务内容和数据必须按照经济业务的实际发生或完成情况来填制，保证其真实、可靠，不得填写匡算或估计数；原始凭证作为具有法律效力的证明文件，不允许在原始凭证的填制中有任何歪曲和弄虚作假行为。

**2. 内容要完整**

在反映经济业务的相应原始凭证上，按照凭证已有的项目或内容，逐项填列，即应该填写的项目要逐项填写，不可缺漏；年、月、日要按照填制原始凭证的实际日期填写；名称要写全，不能简化；品名或用途要填写明确；有关人员的签章必须齐全。

**3. 手续要完备**

经办业务的单位、经办人员要对原始凭证认真审核并签章，以对凭证的真实性、合法性负责。按规定，从外单位取得的原始凭证，必须盖有填制单位的公章；从个人取得的原始凭证，必须有填制人员的签名或者盖章。自制原始凭证必须有经办部门负责人或其指定人员的签名或者盖章。对外开出的原始凭证，必须加盖本单位的公章。该公章应是具有法律效力和规定用途，能够证明单位身份和性质的印鉴，如企业公章、财务专用章、发票专用章、收款专用章或结算专用章等。

**4. 书写要清楚、规范**

原始凭证上的数字和汉字，字迹要清楚、整齐和规范，易于辨认。例如，阿拉伯数字应当一个一个地写，不得连笔写；汉字大写数字金额如零、壹、贰、叁、肆、伍、陆、柒、捌、玖、拾、佰、仟、万、亿等，一律用正楷或者行书体书写，不得用简化字代替；所有以元为单位的阿拉伯数字，除表示单位等情况外，一律填写到角分；无角分的，角位和分位写“00”，或者符号“—”；有角无分的，分位应当写“0”，不得用符号“—”代替。

**5. 填制要及时**

所有经办业务的部门和人员，在每项经济业务发生或完成后，必须及时填制原始凭证，做到不拖延、不积压，按照规定的程序及时送交会计机构，以保证会计核算工作的正常进行。一般来说，填制或取得的原始凭证送交会计机构的时间最迟不应超过一个会计结算期。

**6. 其他要求**

（1）凡填有大写和小写金额的原始凭证，大写与小写的金额必须相符。

（2）购买实物的原始凭证，必须有验收证明。实物购入后，要按照规定办理验收手续，以明确经济责任，保证账实相符。

（3）一式几联的原始凭证，必须注明各联的用途，并且只能以一联用作报销凭证；一式几联的发票和收据，除本身具备复写功能的外，必须用双面复写纸套写，并连续编号。作废时应加盖“作废”戳记，连同存根一起保存。

（4）发生销货退回及退还货款时，必须填制退货发票，附有退货验收证明和对方单位的收款收据，不得以退货发票代替收据。

（5）单位人员公出借款的收据，必须附在记账凭证之后。借款收据是此项借款业务的原始凭证，是办理有关会计手续、进行相应会计核算的依据。在收回借款时，应当另开收据或者退还借款收据的副本，不得退还原借款收据。因为借款和收回借款虽有联系，但又有区别，在会计上需要分别进行处理，如果将原借款收据退还借款人，就会损害会计资料的完整性，使其中一项业务的会计处理失去依据。

### （二）记账凭证填制规范

根据《会计法》和《会计基础工作规范》的规定，填制记账凭证除了应符合原始凭证的填制要求外，还应符合以下要求：

（1）记账凭证必须根据审核无误的原始凭证填制。记账凭证可以根据每一张原始凭证填制，也可以根据若干张同类原始凭证汇总编制，或者根据原始凭证汇总表填制，但不得将不同内容和类别的原始凭证汇总填制在一张记账凭证上。

（2）记账凭证应当连续编号。其目的是分清会计事项处理的先后顺序，便于记账凭证与会计账簿之间的核对，确保记账凭证的完整。记账凭证编号的方法有多种，可以按收款、付款、转账三类业务，或现金收付、银行存款收付和转账三类业务分别编号，也可以按现金收入、现金支出、银行存款收入、银行存款支出和转账五类进行编号，或者将转账业务按照具体内容再分成几类编号。一笔经济业务事项需要填制两张或者两张以上记账凭证的，可以采用分数编号法编号，如 1 号会计事项分录需要填制三张记账凭证，就可以编成 $1\frac{1}{3}$、$1\frac{2}{3}$、$1\frac{3}{3}$号。

（3）记账凭证后必须附有原始凭证。除结账和更正错误等外，记账凭证必须附有原始凭证并注明所附原始凭证张数。所附原始凭证张数的计算，一般以原始凭证的自然张数为准。与记账凭证中的经济业务事项记录有关的每一张证据，都应当作为原始凭证的附件。如果记账凭证中附有原始凭证汇总表，则应该把所附的原始凭证和原始凭证汇总表的张数一起计入附件的张数之内。但报销差旅费等零散票券，可以粘贴在一张纸上，作为一张原始凭证。一张原始凭证如涉及几张记账凭证的，可以将该原始凭证附在一张主要的记账凭证后面，在其他记账凭证上注明该主要记账凭证的编号或附上该原始凭证的复印件。

（4）其他要求。

①记账凭证的填制日期原则上应与发生经济业务的日期一致，但由于凭证的传递需要时间，因此，有的也可以按凭证到达日期填写。如对现金收付款凭证，应以出纳人员实际收付款日期为编制日期；转账凭证应按经济业务发生或完成日期填写。

②记账凭证摘要的填写应简明扼要，说明清楚。填写的基本要求是：意思完备，字数简

短，字迹清楚。如现金、银行存款的收付事项，应写明收付款人和款项的内容；采购商品要写清品种名、进货来源和批次，并能区分不同供货单位。

③会计科目必须按现行统一会计制度规定的全称填写，不得简化，不得用科目编号或外文字母代替，并根据经济业务的内容正确确定会计科目的借贷方和金额。

④填制完经济业务事项后的记账凭证，如有空行，应当在金额栏目最后一笔金额数字下的空行处至合计数上的空行处划斜线注销。

### （三）会计凭证审核规范

**1. 原始凭证的审核**

对原始凭证进行审核，是确保会计资料质量的重要措施之一。《会计法》明确规定："会计机构、会计人员必须对原始凭证进行审核，并根据经过审核后的原始凭证编制记账凭证"。

（1）原始凭证审核的内容。

①真实性审核。审核凭证所反映的内容是否符合所发生实际经济业务的情况，数字、文字有无伪造、涂改、重复使用情况，各联之间数额有无不符情况等。主要包括：a. 经济业务的双方当事单位和当事人必须是真实、合法的；b. 经济业务发生的时间地点和填制日期必须是真实的；c. 经济业务的内容和"量"必须是真实的，"量"指实物量和价值量。

②完整性审核。完整性审核的目的是确定原始凭证的编制是否符合要求，各个项目内容是否填写齐全，数字是否正确。要查看其凭证的各项指标是否完整，名称、商品规格、计量单位、数量、单位、大写、小写金额和填制日期的填写是否正确、清晰。

③合法性审核。合法性审核的内容包括：a. 原始凭证生成程序的合法性，如企业或个人（具有营业执照的个体户）出具的营业凭证，如发票、运费收据、劳务费收据等，必须是经税务机关批准印制的。购买实物的原始凭证必须附有验收证明，以确认实物已经验收入库；b. 审查原始凭证所反映的经济业务有无违反财会制度的规定，有无不按计划、预算办事的行为，资金使用是否符合规定，是否扩大了成本费用、开支范围，财产物资的收发、领退是否按照规定办理手续。

（2）原始凭证审核后的处理。对原始凭证经过审核后，应根据不同的审核结果，进行不同的审核后处理。

①对于内容合法、合理、完整、正确的原始凭证，按规定办理会计手续，据以填制记账凭证，并将原始凭证作为附件粘于记账凭证后面，以备查核。

②对于内容合法、合理而记载不准确、不完整的原始凭证，按规定暂缓办理会计手续，将原始凭证退回业务经办单位或人员，责令改正凭证记录的错误。经责任单位和有关人员更正错误后，对更正后的凭证进行复审，确定无误后准予办理会计手续。

③对于内容完整、正确而不合法、不合理的原始凭证，按规定拒绝办理会计手续，并向单位负责人报告。对于弄虚作假、营私舞弊、欺骗上级等违法乱纪行为应依据法律规定，坚决拒绝执行，并向有关方面反映情况。

**2. 记账凭证的审核**

记账凭证在记账前，必须经过审核。审核的内容主要是：

（1）记账凭证是否附有原始凭证，所附原始凭证的张数、经济内容、金额、合计等是否与记账凭证一致。

（2）经济业务是否正常，应借、应贷账户的名称和金额是否正确，账户对应关系是否清晰，所用账户的名称是否符合会计制度的规定。

（3）记账凭证中有关项目是否填写齐全，有关人员是否签名或盖章。

审核中如发现差错，应立即查明原因，或予重审或用划线更正法更正，并在更正处由更正人盖章，以示负责。在审核记账凭证时，如发现错误，必须查明原因，按规定办法及时改正。只有经过审核无误的记账凭证，才能据以记账。

### （四）会计凭证更正规范

**1. 原始凭证的错误更正**

为了规范原始凭证的内容，明确相关人员的经济责任，防止利用原始凭证进行舞弊，《会计法》规定：

（1）原始凭证所记载的各项内容均不得涂改，随意涂改原始凭证即为无效凭证，不能作为填制记账凭证或登记会计账簿的依据。

（2）原始凭证记载的内容有错误的，应当重开或更正，此项工作必须由原始凭证出具单位负责，并在更正处加盖出具单位印章。原始凭证金额出现错误，不得更正，只能由原始凭证开出单位重开。因为如果允许随意更改原始凭证上的金额，容易产生舞弊，不利于保证原始凭证的质量。

（3）原始凭证开具单位应当依法开具准确无误的原始凭证，对填制有误的原始凭证，负有更正和重新开具的法律义务，不得拒绝。

**2. 记账凭证的错误更正**

（1）如果在填制记账凭证时发生错误，应当重新填制。

（2）已经登记入账的记账凭证，在当年内发现填写错误时，可以用红字填写一张与原内容相同的记账凭证，在摘要栏注明“注销某月某日某号凭证”字样，同时再用蓝字重新填制一张正确的记账凭证，注明“更正某月某日某号凭证”字样。

（3）如果会计科目没有错误，只是金额错误，也可以将正确数字与错误数字之间的差额，另填制一张调整的记账凭证，调增金额用蓝字，调减金额用红字，注明“更正某月某日某号凭证”字样。

（4）发现以前年度记账凭证有错误的，应当用蓝字填制一张更正的记账凭证。

### （五）会计凭证保管规范

（1）各单位每年编制的会计凭证，应当由会计机构按照归档要求，负责整理立卷，装订成册。

①记账凭证应当连同所附的原始凭证或者原始凭证汇总表，按照编号顺序，折叠整齐，按期装订成册，并加具封面，注明单位名称、年度、月份和起讫日期、凭证种类、起讫号码，由装订人在装订线封签处签名或者盖章。

②对于数量过多的原始凭证，可以单独装订保管，在封面上注明记账凭证日期、编号、种类，同时在记账凭证上注明“附件另订”和原始凭证名称及编号。

各种经济合同、存出保证金收据以及涉外文件等重要原始凭证，应当另编目录，单独登记保管，并在有关的记账凭证和原始凭证上相互注明日期和编号。

（2）当年形成的会计档案，在会计年度终了后，可暂由会计机构保管一年，期满之后，应当由会计机构编制移交清册，移交本单位档案机构统一保管；未设立档案机构的，应当在会计机构内部指定专人保管。出纳人员不得兼管会计档案。

移交本单位档案机构保管的会计档案，原则上应保持原卷册的封装。个别需要拆封重新整理的，档案机构应会同会计机构和经办人员共同拆封整理，以分清责任。

（3）原始凭证不得外借，其他单位如因特殊原因需使用原始凭证时，经本单位会计机构负责人、会计主管人员批准，可以复制。向外单位提供的原始凭证复制件，应当在专设的登记簿上登记，并由提供人员和收取人员共同签名或者盖章。

（4）从外单位取得的原始凭证如有遗失，应当取得原开出单位盖有公章的证明，并注明原来凭证的号码、金额和内容等，由经办单位会计机构负责人、会计主管人员和单位领导人批准后，才能代作原始凭证。如果确实无法取得证明的，如火车、轮船、飞机票等凭证，由当事人写明详细情况，由经办单位会计机构负责人、会计主管人员和单位领导人批准后，可代替原始凭证。

## 三、会计账簿规范

### （一）会计账簿设置规范

会计账簿的设置是各企事业单位根据《会计法》《会计基础工作规范》和《企业会计制度》的原则规定，结合本单位会计核算业务的需要，建立有关的会计账簿，构成本企业会计核算体系的过程。

会计账簿的设置一般是在企业开张或更换新账之前进行。所有实行独立核算的国家机关、社会团体、公司、企业、事业单位和其他组织都必须依法设置登记会计账簿，并保证其真实、完整。不得违反《会计法》和国家统一的会计制度规定私设会计账簿进行登记。但建账册数以及每册账簿选用的格式可根据企业的实际情况来确定。

**1. 总账和日记账的设置**

总账和日记账一般采用订本式。选购时结合企业业务量的大小，尽量使选用的账页满足一年所用。活页账装订成册时，应注意纸色、大小的一致，且装订应排齐订紧，以保证账本外形美观，防止账页松动。

账簿封面的颜色，同一年度应力求统一，每年应更换一色，以便于区别。

**2. 明细账的设置**

各种明细分类账按照二级科目设置账户，记录经济业务的明细情况，是对总分类账的必要补充。一般来说，明细账除了记录金额以外，还要记录实物数量、费用与收入的构成、债权债务结算等具体情况。因此，要按照经济业务的不同特点和管理要求，采用不同格式、不同形式的账页。明细账一般采用活页账，有些也采用卡片账。其基本格式主要有“三栏式”“数量金额式”“多栏式”“横线登记式”几种格式。基本生产、辅助生产、制造费用、产品销售费用、经营费用、管理费用和财务费用等科目的明细核算可采用规范化的多栏式明细账。

**3. 辅助账的设置**

辅助账（备查账簿）按其所反映的经济业务事项分别设立账户。如代管物资辅助账是按委托单位和代管物资的品名设立账户，租入固定资产登记簿是按租借单位和固定资产名称设立账户。

**4. 会计账簿封面的设置**

会计账簿应设置封面、标明单位名称、账簿名称及所属会计年度。账簿的扉页，应设立账簿启用表。账簿的第一页，应设置账户目录并注明各账户页次。

**5. 会计账簿账户的设置**

账簿中的总账是按会计科目的名称和顺序设立的，每一个科目设立一个账户。明细账原则上每一个子目设立一个明细账户，但可根据实际情况增设或删减。

为使查找方便，提高登账速度，可以在账簿上方或右面粘贴标签纸，写上会计科目。标签纸的高度标准为：打开账本封面，可见标签纸上科目名称；合上封面，几乎不露标签纸。

（二）会计账簿登记规范

**1. 会计账簿启用**

（1）设置账簿的封面、封底。除订本式账簿不另设封面外，各种活页式账簿，均应设置与账页大小相一致的账夹、封面、封底，并在封面正中部分设置封签，用蓝黑墨水书写单位名称、账簿名称及所属会计年度。

（2）填写账簿启用及经管人员一览表。新会计账簿启用时，应首先填写在账簿扉页上印制的“账簿启用及交接表”中的启用说明部分，内容包括：启用日期、账簿页数、记账人员和会计机构负责人、会计主管人员姓名，并加盖名章和单位公章。

记账人员或者会计机构负责人，会计主管人员调动工作时，应办理交接手续并填写：“账簿启用及交接表”，注明交接日期、接办人员或者监交人员姓名，并由交接双方人员签名或者盖章。

（3）编写账簿页码和账户目录。启用订本式账簿，应当从第一页到最后一页顺序编定页数，不得跳页、缺号。使用活页式账页，应当按账户顺序编号，并须定期装订成册。装订后再按实际使用的账页顺序编定页码，另加目录，记明每个账户的名称和页次。

（4）粘贴印花税票内容。

①使用缴款书缴纳印花税，在账簿启用表右上角注明“印花税”已缴及缴款金额，缴款书作为×年×月×日第×号记账凭证的原始凭证。

②粘贴印花税票的账簿，印花税票一律贴在账簿启用表的右上角，并在印花税票的中间划两条出头的注销线，以示税票注销。

**2. 会计账簿的登记**

会计人员应根据审核无误的会计凭证登记会计账簿。登记账簿的基本要求是：

（1）登记会计账簿时，将会计凭证日期、编号、业务内容摘要、金额和其他有关资料逐项记入账内，做到数字准确、摘要清楚、登记及时、字迹工整。

（2）登记完毕后，要在记账凭证上签名或者盖章，并注明已经登账的符号，表示已经记账。

（3）账簿中书写的汉字和数字应在簿页格子中留有适当空间，不要写满格子，一般应占格距的1/2。

（4）登记账簿要用蓝黑墨水或者碳素墨水书写，不得使用圆珠笔（银行的复写账簿除外）或者铅笔书写。

（5）下列情况，可以用红色墨水记账：

①按照红字冲账的记账凭证，冲销错误记录。

②在仅设借（贷）方的多栏式账页中，登记冲减数。

③划更正线、结账线和注销线。

④在冲销银行存款日记账时，登记冲销的支票号码。

⑤按暂估价入账的材料或商品，下月初可用红字冲回上述暂估价。

⑥在材料按计划成本计价时、发出材料的计划成本大于实际成本时，用红字冲减材料成本差异。

⑦在销售产品发生退货时，用红字冲减原先入账的销售收入和销售成本。

⑧账簿一页之内的多余行次，画红色斜线注销。

⑨在没印明余额方向时，用红字表示“负数”。

（6）各种账簿按页次顺序连续登记，不得跳行、隔页。如果发生跳行、隔页，应当将空行、空页划线注销，或者注明“此行空白”“此页空白”字样，并由记账人员签名或者盖章。

（7）凡需要结出余额的账户，结出余额后，应当在“借或贷”等栏内写明“借”或“贷”等字样。没有余额的账户，应当在“借或贷”等栏内写“平”字，并在余额栏内用“0”表示。现金日记账和银行存款日记账必须逐日结出余额。

（8）每一账页登记完毕结转下页时，应当结出本页合计数及余额，写在本页最后一行和下页第一行有关栏内，并在摘要栏内注明“过次页”和“承前页”字样；也可以将本页合计数及金额只写在下页第一行有关栏内，并在摘要栏内注明“承前页”字样。

对需要结计本月发生额的账户，结计“过次页”的本页合计数应当为自本月初起至本页末止的发生额合计数；对需要结计本年累计发生额的账户，结计“过次页”的本页合计数应当为自年初起至本年末止的累计数；对既不需要结计本月发生额也不需要结计本年累计发生额的账户，可以只将每页末的余额结转次页。

### （三）对账、结账规范

#### 1. 对账

《会计法》第17条规定：“各单位应当定期将会计账簿记录与实物、款项及有关资料相互核对，保证会计账簿记录与实物及款项的实有数额相符、会计账簿记录与会计凭证的有关内容相符、会计账簿之间相对应的记录相符。”

对账包括账簿与凭证的核对、账簿与账簿的核对、账簿与财产物资实存数额的核对。由于对账的内容不同，对账的方法也有所不同，一般的核对方法和内容如下：

（1）账证的核对。账证核对是指将账簿记录与记账凭证、原始凭证进行核对，这是账账相符、账实相符的前提条件。这种核对工作平常是通过编制凭证和记账中的“复核”环节进行的，使错账能及时更正。账证核对的内容包括总账与记账凭证汇总表是否相符，明细账与记账凭证的会计科目、子目、借贷金额、摘要是否相符，序时明细账与记账凭证及所附原始凭证要核对经济业务的内容及金额；涉及支票的，应核对支票号码；涉及银行其他结算票据的，应核对票据种类，以保证账证相符。

（2）账账的核对。账账核对是指各种账簿之间的有关数字核对相符。通常有：

①总账资产类科目各账户期末余额合计与负债和所有者权益类科目各账户期末余额合计应相等，每一汇总期至少要核对一次。

②总账各账户与所辖明细账户每一汇总期至少核对一次。核对相符后，要在对账符号栏打“√”，以示账簿核对完毕。

③会计部门的总账、明细账与业务、仓储部门的业务账、卡和保管账之间，与有关职能

部门的财产、业务周转金（备用金）之间以及有关代管、备查簿之间的账目，包括收、付、存数量和金额，每月至少要核对一次。

（3）账实的核对。账实的核对包括实存数与账存数的核对工作。账实核对的基本内容为：

①现金日记账的账面余额与现金实际库存数额应每日核对，单位主管会计每月至少应抽查一次，并填写库存现金核对情况报告单。

②银行存款日记账的账面余额与开户银行对账单核对。通过核对，每月编制一次银行对账调节表。

③有价证券账户应与单位实存有价证券（或收款收据）相符，每半年至少核对一次。

④商品、产品、原材料及包装物明细账的账面余额，应定期与实存数相核对。

⑤各种债权、债务类明细账的账面余额与债权、债务人相核对，并督促有关责任人积极处理。

⑥出租、租入、出借、借入财产等账簿，除合同期满应进行清查外，至少每半年核对一次，以保证账账相符，账实相符。

**2. 结账**

结账是指在将本期内所发生的经济业务事项全部登记入账的基础上，按照规定的方法对该期内的账簿记录进行小结，结算出本期发生额合计和余额，并将其余额结转下期或者转入新账。

结账可分为月结、季结和年结等。为了正确反映一定时期内在账簿记录中已经记录的经济业务事项，总结有关经济业务活动和账务状况，各单位必须在会计期末进行结账，不能为赶编财务会计报告而提前结账，更不能先编制财会会计报告后结账。

（1）结账前，应将本期内所发生的经济业务事项全部登记入账，对需要调整的账项要及时调整。

（2）结账时，应当根据不同的账户记录，分别采用不同的方法：

①对不需要按月结计本期发生额的账户，如各项应收、应付款明细账和各项财产物资明细账等，每次记账以后，都要随时结出余额，每月最后一笔余额即为月末余额。月末结账时，只需要在最后一笔经济业务事项记录之下通栏划红单线，不需要再结计一次余额。

②现金、银行存款日记账和需要按月结计发生额的收入、费用等明细账，每月结账时，要在最后一笔经济业务事项记录下面通栏划红线，结出本月发生额和余额，在摘要栏内注明“本月合计”字样，在下面再通栏划红单线。

③需要结计本年累计发生额的某些明细账户，每月结账时，应在“本月合计”行下结出自年初起至本月末止的累计发生额，登记在月份发生额下面，在摘要栏内注明“本年累计”字样，并在下面再通栏划红单线。12 月末的“本年累计”就是全年累计发生额，全年累计发生额下通栏划红双线。

④总账账户平时只需结出月末余额。年终结账时，为了总括反映全年各项资金运动情况的全貌，核对账目，要将所有总账账户结出全年发生额和年末余额，在摘要栏内注明“本年合计”字样，并在合计数下通栏划红双线。采用棋盘式总账和科目汇总表代替总账的企事业单位，年终结账，应当汇编一张全年合计的科目汇总表和棋盘式总账。

（3）年度终了结账时，有余额的账户，要将其余额结转下一年度。结转的方法是，将有余额的账户的余额直接记入新账户的余额栏内，不需要编制记账凭证，也不必将余额再记入本年账户的借方或者贷方，使本年有余额的账户的余额变为零。因为，既然年末是有余额的账户，其余额应当如实地在账户中加以反映，否则，容易混淆有余额的账户和没有余额账户的区别。

（四）错账更正规范

会计账簿发生错误时，应当按照规定的更正方法进行更正，更正方法一般有划线更正法、补充登记法、红字更正法三种方法。

（1）在结账以前，如果发现会计账簿记录有文字或数字错误，而记账凭证没有错误，可采用划线更正法。采用划线更正法更正错误时，先在错误的数字或文字上划一条红线以示注销，但所划线条必须使原有字迹仍可辨认，然后在错误数字或文字上方空白处填写正确的数字或文字，并由记账人员和会计机构负责人（会计主管人员）在更正处盖章以示负责。对于文字错误，可只划去错误的部分文字并进行更正；对于数字错误必须全部划掉，不能只划销单个错误数字。

（2）如果发现记账错误是由记账凭证所列金额小于应记金额而引起的，但记账凭证中所列会计科目及其对应关系均正确，在此情况下，可以采用补充登记法更正记账错误。更正时，按照应记金额与错误数额的差额，用蓝字编制一张记账凭证补充登记。更正的记账凭证应由会计人员和会计机构负责人（会计主管人员）盖章。

（3）如果在记账以后发现记账错误是由于记账凭证所列会计科目有错误或金额多记引起的，可采用红字更正法。红字更正法，一般适用于以下两种情况：①在记账后发现记账凭证中的应借、应贷的会计科目有错误，可用红字更正法予以更正。更正的方法是，先用红字填制一张与原错误记账凭证完全相同的记账凭证，在摘要栏内注明“冲销某月某日第某号记账凭证的错账”，并据此用红字登记入账，以冲销原有的错误记录；然后用蓝字填制一张正确的记账凭证，在摘要栏内注明“补充某月某日账”，并据此登记入账。②在记账以后，发现记账凭证和账簿中所记金额大于应记金额，而应借、应贷的会计科目无并错误，也应采用红字更正法。更正的方法是，用红字按多记的金额填制一张应借、应贷会计科目与原错误记账凭证相同的记账凭证，在摘要栏内注明“冲销某月某日第某号记账凭证多记金额”，并据此用红字登记入账，以冲销多记的金额。更正的记账凭证应由会计人员和会计机构负责人（会计主管人员）盖章。

## 四、财务报告编制规范

（一）财务报告的组成

根据《会计法》的规定，财务会计报告由会计报表、会计报表附注和财务情况说明书组成。

**1. 会计报表**

会计报表是财务会计报告的主要组成部分。它是根据会计账簿记录和有关资料，按照规定的报表格式，总括反映一定期间的经济活动和财务收支情况及其结果的一种报告文件。公司、企业的会计报表主要包括资产负债表、利润表、现金流量表及有关附表。

**2. 会计报表附注**

会计报表附注是对会计报表的补充说明，也是财务会计报告的重要组成部分。会计报表附注主要包括两项内容：一是对会计报表各要素的补充说明；二是对那些会计报表中无法描述的其他财务信息的补充说明。以公司、企业为例，会计报表附注的内容一般包括：会计报表各项目的增减变动情况；公司、企业所采用的基本会计假设；公司、企业所采用的主要会计政策、会计估计及其变更；关联方关系及其交易；或有事项和资产负债表日后事项；其他重大事项等。

**3. 财务情况说明书**

财务情况说明书是对单位一定会计期间内财务、成本等情况进行分析总结的书面文字报告，也是财务会计报告的重要组成部分。公司、企业的财务情况说明书的内容一般包括：公司、企业生产经营状况；税金缴纳情况；各种财产物资变动情况；其他需要说明的事项。

### （二）财务报告的编制要求

根据《会计法》规定，会计报告编报的基本要求是数字真实、计算准确、内容完整、报送及时。

财务会计报告编报的具体要求是：

（1）关于编制依据的要求。编制财务会计报告，必须根据经过审核无误的会计账簿记录和有关资料进行，做到数字真实、计算准确、内容完整、说明清楚，任何人不得篡改或授意、指使、强令他人篡改财务会计报告的有关数字。

（2）关于编制格式的要求。编制财务会计报告，应当根据国家统一的会计制度规定的格式和要求进行，认真编写会计报表附注及其说明，做到项目齐全，内容完整。

（3）关于编制标准一致的要求。单位向不同的会计资料使用者提供的财务会计报告，其编制的依据应当一致。根据《会计基础工作规范》第68条的规定，会计报表之间、会计报表各项目之间，凡有对应关系的数字，应当相互一致；本期会计报表与上期会计报表之间的有关的数字应当相互衔接；如果不同会计年度会计报表中各项目的内容和核算方法有变更的，应当在年度会计报表中加以说明。

### （三）编制会计报表前的准备工作

在编制会计报表前准备阶段，主要进行以下工作：

（1）检查当期业务是否全部入账。认真检查当期发生的各项经济业务是否已全部填制记账凭证，并据以登记与业务相关的总分类账、明细分类账和日记账。检查时尤其应注意有无将当期经济业务推移至下期入账或下期经济业务提前至当期入账的情况，如有上述情况，应于结账前分别进行相应处理。

（2）根据权责发生制原则整理（调整）账簿记录。在实行权责发生制单位，应按照当期发生的权利和义务计算收入与支出的要求，确定当期的经营成果；需要编制调整分录，据以调整账簿记录。调整记录包括应计账项调整和期末账项结转。其中，应计账项调整有：按工资总额规定比例提取应付职工薪酬、工会经费；按规定比例提取机器设备的折旧费；预提当月应负担的银行借款利息；计算当期应交税费等事项。期末账项结转有：将当期的全部销售收入、营业外收入结转至本年利润账户；将与收入对应的销售成本、销售税金、销售费用、营业外支出同时结转至本年利润账户；将已发放工资分别计入各有关账户；汇总结转当期的材料消耗，确定期末库存材料成本；汇集间接费用，将其分配结转至生产成本账户；计算完工产品成本，结转到产成品账户；计算销售成本，结转至销售成本账户等事项。

（3）核对账簿记录保证账账相符。会计报表主要依据账簿资料所编制，为保证报表指标的正确无误，必须在编表前检查账簿记录的正确性。核对账目包括内部核对和外部核对两方面内容。内部核对要将总账账户的借方余额合计与贷方余额合计相核对。外部核对以往来款项为对象，如与国家税务部门之间应交、已交税款的核对，与银行之间借款、还款的核对等。通过账目的内容核对和外部核对，保证账账相符，为编制会计报表准备前提条件。

（4）清查财产保证账实相符。为保证会计报表指标的真实可信，还要求账簿所记录的各项财产结存情况应与实际结存情况保持一致，因此，要进行账实核对，以确保账实相符。在编制会计报表前，按照有关规定应对全部财产进行财产清查。对于清查中出现的盘盈、盘亏和损失等情况，应编制相应的会计分录，并据以登记入账，使各项财产的账面记录结存数与实际结存数保持一致，为编制会计报表奠定客观基础。

（5）结束当期账簿记录。在确认当期发生的经济业务、调整账项及有关转账业务已全部登记入账后，分别结计总分类账、日记账、明细分类账和明细账各账户的当期发生额和余额，结束本期账簿记录。企事业单位不得在办理结账手续前编制会计报表，也不得为赶编会计报表而提前结账。

### （四）编制会计报表的一般方法

**1. 资产负债表的编制**

资产负债表包括表首、正表、附表及附注等内容。表首说明企业的名称、报表名称、编制报表的日期、计量单位。补充资料、附注和附列资料的数据应根据有关账户及备查簿的记录分析填列，必要时加以文字解释和说明。

资产负债表"年初数"栏内各项数字，应根据上年年末资产负债表"期末数"栏内所列数字填列。资产负债表"期末数"栏内各项数字，应根据会计账簿记录填列。大多数报表项目可以直接根据账户余额填列，少数报表项目则要根据账户余额进行分析、计算后才能填列。

**2. 利润表的编制**

利润表是反映企业经营成果的动态报表，所以在编制时，应根据有关损益类账户的发生额填列。

### （五）会计报表的审核、报送和保管规范

**1. 会计报表的审核**

为了保证会计报表正确无误，会计报表编制完成以后，必须对报表编制的完整性、合理性、正确性和真实性经过认真审核，才能上报。

会计报表审核的主要内容有：

（1）会计报表的种类是否按要求填制齐全，要求填列的项目是否全部填列。

（2）会计报表各项目数字是否正确，有关小计、合计、总计或差额计算是否正确；表内及表与表之间的勾稽关系是否正确。

（3）会计报表中需要加以说明的问题，是否有相应的文字说明，补充资料是否填列完整。

审核会计报表是一项细致工作，各企业单位应指派专人负责审核工作，以保证报表的质量符合要求。

**2. 会计报表的报送和保管**

会计报表审核无误后，应及时报送。对外报送的财务报告，应当依次编写页码，加具封面，装订成册，加盖公章。封面上应当注明：单位名称，单位地址，财产报告所属年度、季度、月度，送出日期，并由单位负责人和主管会计工作的负责人、会计机构负责人（会计

主管人员）签名并盖章；设置总会计师的单位，还须由总会计师签名并盖章。会计报表编制完成并按时报送后，留存的报表也应按月装订成册。

会计报表的装订顺序是：

（1）会计报表封面。

（2）会计报表编制说明。

（3）各种会计报表按会计报表的编号顺序排列。

（4）会计报表封底。会计报表在会计部门保管一年，满一年后应开列清册，移交档案部门进行保管。若会计报表由会计部门负责归档保管的，应设专屋或专柜保管。

第三部分

# 模拟企业资料

## 一、企业概况

1. 企业名称：西秦股份有限公司
2. 企业性质：增值税一般纳税人
3. 设立时间：2003 年 1 月 1 日
4. 开户银行：中国建设银行陕西省咸阳市西兰路分行　　行号：7310
5. 基本存款账户账号：665674890
6. 一般存款账户：中国工商银行陕西省咸阳市西兰路分行
   中国农业银行陕西省咸阳市西兰路分行
7. 纳税人税务登记号：10000200001010900
8. 企业注册地：陕西省咸阳市文林路 37 号
9. 企业电话：029－33696782
10. 经营范围：主营各种木制家具的生产、销售
11. 内部会计制度相关规定：

（1）企业执行现行《企业会计准则》，采用借贷记账法记账

（2）记账本位币为人民币

12. 企业相关人员名单：

（1）法人代表：王明

（2）会计主管：李贺

（3）出纳：张铭雨

（4）记账会计：刘悦

（5）制单会计：吴亮

（6）复核会计：李源

（7）销售主管：贺一民

（8）仓库主管：李佳

（9）收料员：陈升

13. 工艺流程：

根据制造企业生产特点，该厂设有切割、加工、装配三个基本生产车间和机修、供汽两

个辅助生产车间，以及有关科室和党群行政部门。另外设有专门销售机构，以及托儿所、食堂等生活服务部门。

该厂先由切割车间根据生产任务和计划对各种木板进行切割，经检验合格后送交自制半成品仓库；加工车间从仓库领用各种已经切割的木板，进行进一步的加工后，直接送交装配车间；装配车间将收到的各种加工后的半成品连同由仓库领来的外购件组装成各种产品，经检验合格后送交成品仓库。其工艺流程图如下：

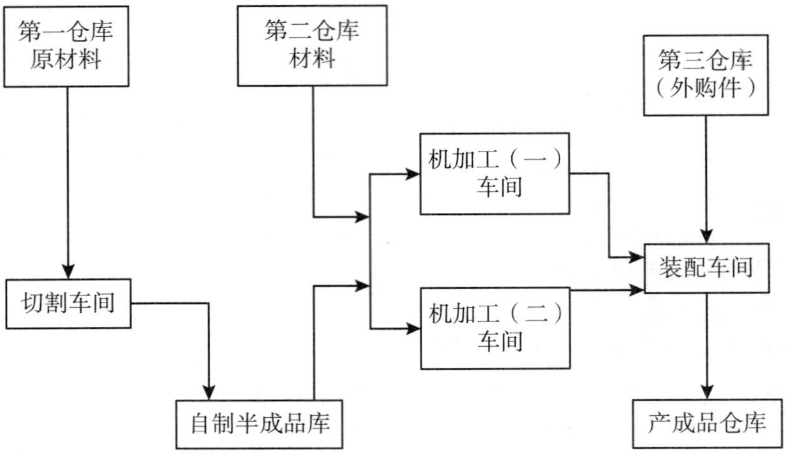


14. 预留银行签章：

## 二、企业会计核算规定

1. 流动资产部分。

（1）原材料采用实际成本法计价，月内发出时仅在数量金额式明细账中登记数量，月末采用一次加权平均法计算发出材料成本；

（2）库存商品采用实际成本法计价，月内发出时仅在数量金额式明细账中登记数量，销售商品月末采用先进先出法一次结转销售商品成本；

（3）周转材料采用实际成本法计价，发出时采用一次摊销法核算；

（4）其余存货采用实际成本计价，发出时按先进先出法核算；

（5）应收账款采用“年末应收账款余额百分比法”计提坏账准备。

2. 固定资产部分。

机器设备、房屋建筑物等均采用年限平均法计提折旧。当月增加当月不计提折旧，当月减少当月继续计提折旧，下月不再计提折旧。

3. 应付职工薪酬部分。

（1）职工月、日平均工作时间和工资折算规定。

月计薪天数 21 天，日工资为月“基本工资”除以 21 天。

（2）关于法定节假日加班工资计算的法律依据。

《中华人民共和国劳动法》“第四十四条　有下列情形之一的，用人单位应当按照下列标准支付高于劳动者正常工作时间工资的工资报酬：（一）安排劳动者延长工作时间的，支付不低于工资的百分之一百五十的工资报酬；（二）休息日安排劳动者工作又不能安排补休的，支付不低于工资的百分之二百的工资报酬；（三）法定休假日安排劳动者工作的，支付不低于工资的百分之三百的工资报酬。”法定休假日即是法定节假日。

（3）病假事假工资扣除比例。

事假不发工资。病假分别按以下工作年限计算工资：（1）连续工龄不满 10 年的，按本人工资的 70% 发给；（2）连续工龄满 10 年不满 20 年的，按本人工资的 80% 发给；（3）连续工龄满 20 年不满 30 年的，按本人工资的 90% 发给；（4）连续工龄满 30 年及其以上的，按本人工资的 95% 发给。

（4）社会保险、住房公积金、工会经费、职工教育经费等提取支付比例。

养老保险：单位承担 20%，个人承担 8%；失业保险：单位承担 2%，个人承担 1%；医疗保险：单位承担 6%，个人承担 2%；生育保险：单位承担 1%，个人不承担；工伤保险：单位承担 1%，个人不承担；住房公积金：单位承担 10%，个人承担 5%；福利费不超过工资薪金总额 14% 可税前扣除；职工教育经费不超过工资薪金总额 2.5% 可税前扣除；工会经费不超过工资薪金总额 2% 拨交基层工会组织，基层工会组织按省级工会规定比例逐级上缴。

4. 其他部分。

（1）记账凭证采用现收、银收、现付、银付、转账五类并分别编号。

（2）企业所得税税率 25%，增值税税率 16%，城市维护建设税税率 7%，教育费附加率 3%，地方教育费附加率 2%。企业每月根据当期会计利润总额计算当期应交所得税税额，假设不存在纳税调整事项，确认当期所得税费用，次月 15 日前申报缴纳该月所得税及其他税项，年末进行所得税汇算清缴。

（3）会计核算保留两位小数。

## 三、期初余额（第四、第五部分经济业务均需使用以下期初余额资料，请妥善保管）

西秦股份有限公司 2019 年 12 月 1 日有关账户期初余额如下。

### （一）总账账户期初余额

单位：元

| 科目名称 | 借方余额 | 科目名称 | 贷方余额 |
|---|---|---|---|
| 库存现金 | 4 020.48 | 短期借款 | 500 000.00 |
| 银行存款 | 14 911 266.72 | 应付票据 | 90 000.00 |
| 其他货币资金 | 500 000.00 | 应付账款 | 301 000.00 |
| 交易性金融资产 | 600 000.00 | 其他应付款 | 20 000.00 |

续表

| 科目名称 | 借方余额 | 科目名称 | 贷方余额 |
|---|---|---|---|
| 应收票据 | 188 400.00 | 应付职工薪酬 | 1 227 248.01 |
| 应收账款 | 557 400.00 | 应交税费 | 874 000.00 |
| 坏账准备 | -2 787.00 | 应付利息 | 39 400.00 |
| 预付账款 | 80 000.00 | 长期借款 | 800 000.00 |
| 其他应收款 | 7 000.00 | 实收资本 | 20 000 000.00 |
| 在途物资 | 14 780.00 | 资本公积 | 300 000.00 |
| 原材料 | 507 200.00 | 盈余公积 | 587 265.00 |
| 周转材料 | 29 000.00 | 本年利润 | 382 749.90 |
| 库存商品 | 513 000.00 | 利润分配 | 8 963 507.29 |
| 委托代销商品 | 90 000.00 | | |
| 长期股权投资 | 100 000.00 | | |
| 固定资产 | 15 900 000.00 | | |
| 累计折旧 | -839 200.00 | | |
| 在建工程 | 60 000.00 | | |
| 无形资产 | 809 080.00 | | |
| 累计摊销 | -180 390.00 | | |
| 生产成本 | 236 400.00 | | |
| 合计 | 34 085 170.20 | 合计 | 34 085 170.20 |

## （二）原材料明细分类账期初余额

单位：元

| 二级账户 | 三级账户 | 计量单位 | 实际单价 | 结存数量 | 金额 |
|---|---|---|---|---|---|
| 原材料及主要材料 | 纤维板 | 吨 | 320 | 200 | 64 000.00 |
| | 橡木板 | 吨 | 3 000 | 30 | 90 000.00 |
| | 松木板 | 吨 | 2 500 | 20 | 50 000.00 |
| | 钢板 | 吨 | 2 800 | 49 | 137 200.00 |
| | 小计 | | | | 341 200.00 |
| 辅助材料 | 油漆 | 公斤 | 30 | 300 | 9 000.00 |
| | 螺丝 | 斤 | 50 | 40 | 2 000.00 |
| | 小计 | | | | 11 000.00 |
| 外购半成品 | 镜子 | 每平方米 | 175 | 600 | 105 000.00 |
| | 玻璃 | 每平方米 | 100 | 500 | 50 000.00 |
| | 小计 | | | | 155 000.00 |

## （三）库存商品明细分类账期初余额

单位：元

| 名称 | 计量单位 | 实际单价 | 结存数量 | 金额 |
|---|---|---|---|---|
| 衣柜 | 组 | 18 000 | 16 | 288 000.00 |
| 书柜 | 组 | 15 000 | 15 | 225 000.00 |
| 合计 | | | | 513 000.00 |

## （四）委托代销商品明细分类账期初余额

单位：元

| 名称 | 计量单位 | 实际单价 | 结存数量 | 金额 |
|---|---|---|---|---|
| 书柜 | 组 | 15 000 | 6 | 90 000.00 |
| 合计 | | | | 90 000.00 |

## （五）周转材料明细分类账期初余额

单位：元

| 名称 | 计量单位 | 实际单价 | 结存数量 | 金额 |
|---|---|---|---|---|
| 台灯 | 个 | 380 | 50 | 19 000.00 |
| 文件盒 | 个 | 20 | 500 | 10 000.00 |
| 合计 | | | | 29 000.00 |

## （六）应付职工薪酬明细分类账期初余额

单位：元

| | |
|---|---|
| 工资 | 446 501.00 |
| 社会保险费 | 220 545.33 |
| 住房公积金 | 80 687.32 |
| 职工福利费 | 305 308.16 |
| 工会经费 | 10 758.31 |
| 职工教育经费 | 163 447.89 |
| 合计 | 1 227 248.01 |

（七）应收账款明细分类账期初余额

单位：元

| | |
|---|---|
| 三林家居市场 | 364 200.00 |
| 大明家居市场 | 193 200.00 |
| 合计 | 557 400.00 |

（八）应付账款明细分类账期初余额

单位：元

| | |
|---|---|
| 秦岭材料厂 | 298 000.00 |
| 咸阳电力公司 | 3 000.00 |
| 合计 | 301 000.00 |

# 第四部分

# 模拟企业有关经济业务（上册）

## 一、实训目的

通过实训练习，使学生掌握货币资金、金融资产、应收及预付款项、存货、固定资产、无形资产等业务的会计处理，熟悉总账、现金日记账、银行存款日记账、数量金额式明细账等账页的登记及对账、结账过程。

## 二、实训要求

采用科目汇总表账务处理程序：

1. 按照题目顺序，处理经济业务，根据有关经济业务填制原始凭证和记账凭证。
2. 根据记账凭证登记日记账、明细账。
3. 编制科目汇总表，并登记总账。
4. 编制2019年12月31日企业资产负债表、2019年12月企业利润表。

## 三、实训课时安排

共计30课时。

## 四、2019年12月，企业有关业务原始凭证

1. 提现。

中国建设银行
现金支票存根　（陕）

$\frac{B}{0}\frac{B}{2}$ 59112022

附加信息

出票日期 2019 年 12 月 1 日

| | |
|---|---|
| 收款人： | 西秦股份有限公司 |
| 金　额： | ¥8 000.00 |
| 用　途： | 备用 |

单位主管　李贺　　会计　李源

2. 开立采购专户。

## 中国建设银行信汇凭证（回单）　1

凭证号码　第 1092 号

委托日期 2019 年 12 月 1 日

| | | | | | | | | |
|---|---|---|---|---|---|---|---|---|
| 汇款人 | 全称 | 西秦股份有限公司 | | | 收款人 | 全称 | 西秦股份有限公司 | | |
| | 账号或地址 | 陕西咸阳 665674890 | | | | 账号或地址 | 上海市 837892087 | | |
| | 汇出地点 | 陕西省咸阳市 | 汇出行名称 | 建行西兰路分行 | | 汇入地点 | 上海市 | 汇入行名称 | 市分行营业部 |

| 金额 | 人民币（大写）贰拾捌万元整 | 千 | 百 | 十 | 万 | 千 | 百 | 十 | 元 | 角 | 分 |
|---|---|---|---|---|---|---|---|---|---|---|---|
| | | | ¥ | 2 | 8 | 0 | 0 | 0 | 0 | 0 | 0 |

汇款用途：采购材料

上列款项已根据委托办理，如需查询，请持此回单来行面洽。

单位主管　李贺　会计　李源　复核　张铭雨　记账　刘悦

建行西兰路分行
汇出行盖章
2019 年 12 月 1 日
付讫

此联是汇出行给汇款人的回单

3. 申请银行汇票，由王方持往榆林购货。

## 中国建设银行汇票申请书（存根）　1

凭证号码　第 7251 号

申请日期 2019 年 12 月 2 日

| 申请人 | 西秦股份有限公司 | 收款人 | 西秦股份有限公司 |
|---|---|---|---|
| 账号或地址 | 陕西咸阳 665674890 | 账号或地址 | 陕西榆林 092876289 |
| 用途 | 购货 | 代理付款行 | 建行榆林市分行营业部 |
| 汇票金额 | 人民币（大写）叁万元整 | 千 百 十 万 千 百 十 元 角 分 | ¥ 3 0 0 0 0 0 0 |
| 备注： | | 科目<br>对方科目<br>财务主管 李贺　复核 李源　经办 刘乐 | |

4. 王方回厂办理结算手续，货物尚在运输途中。

## 陕西省增值税专用发票

No. 51012231908

（印章：全国统一发票监制章　陕西省　国家税务局监制）

开票日期：2019 年 12 月 4 日

| 购货单位 | 名称：西秦股份有限公司<br>纳税人识别号：10000200001010900<br>地址、电话：陕西咸阳 029－33696782<br>开户行及账号：建行西兰路分行 665674890 | 密码区 | |
|---|---|---|---|

| 货物或应税劳务的名称 | 规格型号 | 单位 | 数量 | 单价 | 金额 | 税率 | 税额 |
|---|---|---|---|---|---|---|---|
| 钢板 | | 吨 | 10 | 2 350 | 23 500 | 16% | 3 760 |
| 合计 | | | | | ¥23 500.00 | | ¥3 760.00 |
| 价税合计（大写） | 人民币贰万柒仟贰佰陆拾元整 | | | | | | ¥27 260.00 |

| 销货单位 | 名称：秦岭材料厂<br>纳税人识别号：73829372048329<br>地址、电话：陕西榆林 0912－73629433<br>开户行及账号：工行榆林市分行 9372938237 | 备注 | （印章：秦岭材料厂 财务专用章） |
|---|---|---|---|

第二联　发票联

收款人：谭丽　　复核：徐文　　开票人：徐光明　　销货单位（章）：

| 付款期限 |
| --- |
| 壹 个 月 |

**中国建设银行 多余款**
**汇票申请书（收账通知）** 1 陕西

IX Ⅱ00151958

第 9382 号

| 出票日期（大写）：贰零壹玖年壹拾贰月零肆日 | 代理付款行：建行榆林市分行营业部 |
| --- | --- |
| 收款人：秦岭材料厂 | 账号：092876289 |
| 出票金额 人民币（大写）叁万元整 | |

| 实际结算金额 人民币（大写）贰万柒仟贰佰陆拾元整 | 千 | 百 | 十 | 万 | 千 | 百 | 十 | 元 | 角 | 分 |
| --- | --- | --- | --- | --- | --- | --- | --- | --- | --- | --- |
| | | | ¥ | 2 | 7 | 2 | 6 | 0 | 0 | 0 |

申请人：

出票行：

备　注：

出票行签单

年　月　日

账号或地址：665674890

多余金额

| 千 | 百 | 十 | 万 | 千 | 百 | 十 | 元 | 角 | 分 |
| --- | --- | --- | --- | --- | --- | --- | --- | --- | --- |
| | | | ¥ | 2 | 7 | 4 | 0 | 0 | 0 |

左列退回多余金额已收入你账户内

财务主管：

复核：

经办：

此联出票人结清多余款交申请人

5. 将多余现金 2 000 元存入银行。

**中国建设银行现金解款单（贷方凭证）** ②

总　字　第　号

现金日记账顺序　号

2019 年 12 月 4 日

| 收款单位 | 全称 | 西秦股份有限公司 | 款项来源 | 零星销货 |
| --- | --- | --- | --- | --- |
| | 账号 | 665674890 | 解款部门 | 财务科 |

| 人民币（大写）：贰仟元整 | 十 | 万 | 千 | 百 | 十 | 元 | 角 | 分 |
| --- | --- | --- | --- | --- | --- | --- | --- | --- |
| | | ¥ | 2 | 0 | 0 | 0 | 0 | 0 |

| 票面 | 张数 | 十 | 万 | 千 | 百 | 十 | 元 | 票面 | 张数 | 千 | 百 | 十 | 元 | 角 | 分 | |
| --- | --- | --- | --- | --- | --- | --- | --- | --- | --- | --- | --- | --- | --- | --- | --- | --- |
| 佰元 | 8 | | | | 8 | 0 | 0 | 一元 | 50 | | 1 | 0 | 0 | 0 | 0 | |
| 伍拾元 | 12 | | | | 6 | 0 | 0 | 角票 | | | | | | | | 会计 复核 记账 出纳 |
| 贰拾元 | | | | | | | | 分币 | | | | | | | | |
| 拾元 | 20 | | | | 2 | 0 | 0 | | | | | | | | | |
| 伍元 | 60 | | | | 3 | 0 | 0 | | | | | | | | | |

此联为收款单位开户银行代收凭证

6. 设立投资专户，存入投资款。

## 中国建设银行进账单（受理证明） 1

2019 年 12 月 4 日　　第 29 号

| | | | | | |
|---|---|---|---|---|---|
| 收款人 | 全称 | 西秦股份有限公司（投资专户） | 收款人 | 全称 | 西秦股份有限公司 |
| | 账号 | 740273847 | | 账号 | 665674890 |
| | 开户银行 | 建设银行西安证券部 | | 开户银行 | 建行西兰路支行 |

| 人民币（大写） | 千 | 百 | 十 | 万 | 千 | 百 | 十 | 元 | 角 | 分 |
|---|---|---|---|---|---|---|---|---|---|---|
| 壹佰万元整 | ¥ | 1 | 0 | 0 | 0 | 0 | 0 | 0 | 0 | 0 |

| | |
|---|---|
| 票据种类 | 转账支票 |
| 票据张数 | 1 |

单位主管　会计
复核　记账

建行西兰路支行
2019.12.4
收款单位开户行盖章
付 讫

此联是收款人开户银行给收款人的回单

7. 以投资专户资金购入安居建材 2 万股股票，划分为以公允价值计量且其变动计入当期损益的金融资产。

### 西部证券营业部成交过户交割单

| | |
|---|---|
| 日期：2019 年 12 月 5 日 | 业务名称：证券买入 |
| 股东账号：837901 | 合同号：52000 |
| 股东名称：西秦股份有限公司 | 成交编号：123234 |
| 股票名称：安居建材 | 申报时间：10：10：00 |
| 买卖方向：买入 | 成交时间：10：15：00 |
| 成交价格：15.00 | 佣金：750.00 元 |
| 成交数量：20 000 股 | 印花税：0.00 |
| 成交金额：300 000 元 | 过户费：0.00 |
| 实际收付：300 750 元 | 其他费：0.00 |
| | 打印时间：2019 年 12 月 5 日 |

经办单位：西部证券营业部　　客户签名：西秦股份有限公司

8. 后勤科张君出差暂借差旅费 5 000 元，以现金支付。

## 借 款 单

2019 年 12 月 5 日

| 工作部门 | 后勤科 | 姓名 | 张君 | 签章 | | | | | | | | |
|---|---|---|---|---|---|---|---|---|---|---|---|---|
| 借款金额 | 人民币（大写）伍仟元整 | | | | 十 | 万 | 千 | 百 | 十 | 元 | 角 | 分 |
| | | | | | | ¥ | 5 | 0 | 0 | 0 | 0 | 0 |
| 用途 | 出差 | | | | | | | | | | | |
| 本单位批示 | 李贺 同意 | 上级批示 | | 归还计划 | 日期 | 金额 | 日期 | 金额 | | | | |

9. 收到销货款。

委邮

## 委托收款凭证（收账通知） 3

委托号码：0689

委托日期 2019 年 12 月 6 日　　付款期限 2019 年 12 月 6 日

| | | | | | | | | | | | | | |
|---|---|---|---|---|---|---|---|---|---|---|---|---|---|
| 付款人 | 全称 | 三林家居市场 | 收款人 | 全称 | 西秦股份有限公司 | | | | | | | | |
| | 账号或地址 | 陕西西安 48775469837 | | 账号或地址 | 陕西咸阳 665674890 | | | | | | | | |
| | 开户银行 | 工行文艺路分行 | | 开户银行 | 建行西兰路分行 | 行号 | 7310 | | | | | | |
| 委收金额 | 人民币（大写）捌万元整 | | | | 千 | 百 | 十 | 万 | 千 | 百 | 十 | 元 | 角 | 分 |
| | | | | | | | ¥ | 8 | 0 | 0 | 0 | 0 | 0 | 0 |
| 款项内容 | 货款及运费 | 委托收款凭据名称 | 发票、运单 | 附寄单证张数 | 2 | | | | | | | | |
| 备注：付款人开户银行收到日期 2019 年 12 月 6 日 | | | 上列款项<br>1. 已全部划回收入你方账户<br>2. 已收回部分款项收入你方账户<br>3. 全部未收到<br>（建行西兰路分行 2019.12.06 收讫）<br>收款人开户行盖章<br>2019 年 12 月 6 日 | | | | | | | | | | |

此联是收款人开户银行在款项收妥后给收款人的收账通知

单位主管 李贺　　会计 吴亮　　复核 李源　　记账 刘悦

10. 预付工程款。

中国建设银行
转账支票存根　　（陕）
$\frac{B}{0}\frac{B}{2}$　59012024

附加信息

出票日期　2019 年 12 月 7 日

| | |
|---|---|
| 收款人： | 西北建筑公司 |
| 金　额： | ￥70 000. 00 |
| 用　途： | 工程款 |

单位主管　李贺　　　会计　李源

11. 采用托收承付结算，销售书柜。

陕西省增值税专用发票　　No. 51082018188

开票日期：2019 年 12 月 8 日

| 购货单位 | 名　称：大明家居市场<br>纳税人识别号：837402984736280<br>地 址 、电 话：河南洛阳 0379－36270193<br>开户行及账号：工行大学南路支行 839287390 | | | | 密码区 | | |
|---|---|---|---|---|---|---|---|
| 货物或应税劳务的名称 | 规格型号 | 单位 | 数量 | 单价 | 金额 | 税率 | 税额 |
| 书柜 | | 组 | 7 | 20 000 | 140 000 | 16% | 22 400 |
| 合计 | | | | | ￥140 000. 00 | | ￥22 400. 00 |
| 价税合计（大写） | 人民币壹拾陆万贰仟肆佰元整 | | | | | | ￥162 400. 00 |
| 销货单位 | 名　称：西秦股份有限公司<br>纳税人识别号：10000200001010900<br>地 址 、电 话：陕西咸阳 029－33696782<br>开户行及账号：建行西兰路分行 665674890 | | | | 备注 | | |

第三联　记账联

收款人：张铭雨　　复核：李源　　开票人：吴亮　　销货单位（章）：

委邮

## 委托收款凭证（回单）　5

委托号码：2738

委托日期 2019 年 12 月 8 日

| | | | | | | | | | | | | | | | |
|---|---|---|---|---|---|---|---|---|---|---|---|---|---|---|---|
| 付款人 | 全称 | 大明家居市场 | 收款人 | 全称 | 西秦股份有限公司 | | | | | | | | | | |
| | 账号或地址 | 河南洛阳 839287390 | | 账号或地址 | 陕西咸阳 665674890 | | | | | | | | | | |
| | 开户银行 | 工行大学南路支行 | | 开户银行 | 建行西兰路分行 | 行号 | 7310 | | | | | | | | |
| 委收金额 | 人民币（大写）壹拾陆万贰仟肆佰元整 | | | | | 千 | 百 | 十 | 万 | 千 | 百 | 十 | 元 | 角 | 分 |
| | | | | | | | ¥ | 1 | 6 | 2 | 4 | 0 | 0 | 0 | 0 |
| 附件 | | 商品发运情况 | | 合同名称号码 | | | | | | | | | | | |
| 附寄单证张数或册数 | 5 | 已发运 | | 购货合同 09837 | | | | | | | | | | | |
| 备注：电划 | | 款项收妥日期 年 月 日 | | 收款人开户银行盖章 12 月 8 日 | | | | | | | | | | | |

此联是收款人开户银行接受委托后给收款单位的回单

单位主管：李贺　　会计：吴亮　　复核：李源　　记账：刘悦

12. 预付材料款。

中国建设银行（陕）
转账支票存根
$\frac{B}{0}\frac{B}{2}$ 59012025
附加信息

出票日期 2019 年 12 月 9 日

| | |
|---|---|
| 收款人： | 咸阳镜子厂 |
| 金　额： | ¥5 000.00 |
| 用　途： | 预付材料款 |

单位主管　李贺　　　会计　李源

13. 销售商品，收到商业汇票。

## 陕西增值税专用发票

No. 51083548145

陕西省

开票日期：2019年12月10日

<table>
<tr><td>购货单位</td><td colspan="5">名　　　称：安康红星家具城<br>纳税人识别号：83726019387<br>地 址 、电 话：安康淮南路0915－28749032<br>开户行及账号：中行淮南路分行9382709381</td><td>密码区</td><td></td></tr>
<tr><td>货物或应税劳务的名称</td><td>规格型号</td><td>单位</td><td>数量</td><td>单价</td><td>金额</td><td>税率</td><td>税额</td></tr>
<tr><td>书柜</td><td></td><td>组</td><td>5</td><td>20 000</td><td>100 000</td><td>16%</td><td>16 000</td></tr>
<tr><td>合计</td><td></td><td></td><td></td><td></td><td>¥100 000.00</td><td></td><td>¥16 000.00</td></tr>
<tr><td>价税合计（大写）</td><td colspan="7">人民币壹拾壹万陆仟元整　　¥116 000.00</td></tr>
<tr><td>销货单位</td><td colspan="5">名　　　称：西秦股份有限公司<br>纳税人识别号：10000200001010900<br>地 址 、电 话：陕西咸阳029－33696782<br>开户行及账号：建行西兰路分行665674890</td><td>备注</td><td></td></tr>
</table>

收款人：张铭雨　　复核：李源　　开票人：吴亮　　销货单位（章）：

第三联 记账联

## 商业承兑汇票　②

签发日期2019年12月10日　　第0005626号

<table>
<tr><td rowspan="3">收款人</td><td>全称</td><td colspan="3">西秦股份有限公司</td><td rowspan="3">付款人</td><td>全称</td><td colspan="3">安康红星家具城</td></tr>
<tr><td>账号</td><td colspan="3">665674890</td><td>账号</td><td colspan="3">9382709381</td></tr>
<tr><td>开户银行</td><td>建行西兰路分行</td><td>行业</td><td>7310</td><td>开户银行</td><td>中行淮南路分行</td><td>行号</td><td>0890</td></tr>
<tr><td colspan="2">汇票金额</td><td colspan="6">人民币（大写）壹拾壹万陆仟元整</td><td colspan="2">百 十 万 千 百 十 元 角 分<br>¥ 1 1 6 0 0 0 0 0</td></tr>
<tr><td colspan="2">汇票到期日</td><td colspan="3">2020年6月10日</td><td colspan="3">交易合同号码</td><td colspan="2">08749</td></tr>
<tr><td colspan="5">本汇票已经本单位承兑，到期日无条件支付要款。<br>此致<br>收款人<br>付款人盖章<br>2019年12月10日<br>负责 李贺 经办 刘乐</td><td colspan="5">汇票签发人盖章<br>负责______经办______</td></tr>
</table>

14. 收到大明家居市场前欠货款。

## 中国工商银行信汇凭证（收款凭证）　3

凭证号码　第1120号

委托日期2019年12月10日

| | | | | | | | | | |
|---|---|---|---|---|---|---|---|---|---|
| 汇款人 | 全称 | 大明家居市场 | | | 收款人 | 全称 | 西秦股份有限公司 | | |
| | 账号或地址 | 河南洛阳839287390 | | | | 账号或地址 | 陕西咸阳665674890 | | |
| | 汇出地点 | 河南省洛阳市 | 汇入行名称 | 工行大学南路支行 | | 汇入地点 | 陕西省咸阳市 | 汇出行名称 | 建行西兰路分行 |
| 金额 | 人民币（大写）壹拾陆万贰仟肆佰元整 | | | | | | | | |
| 汇款用途：付购货款 | | | | | | | | | |
| 单位主管 李贺　会计 吴亮　复核 李源　记账 刘悦 | | | | | | | | | |

| 千 | 百 | 十 | 万 | 千 | 百 | 十 | 元 | 角 | 分 |
|---|---|---|---|---|---|---|---|---|---|
| | ¥ | 1 | 6 | 2 | 4 | 0 | 0 | 0 | 0 |

建行西兰路分行
2019.12.10
汇入行盖章
收讫　年　月　日

此联是收款人开户银行的收款凭证

15. 张君出差归来，报销差旅费。

## 西秦股份有限公司出差报销单

2019年12月10日

| 姓名 | 张君 | 工作部门 | 后勤科 | 出差日期 | 12月6~9日 |
|---|---|---|---|---|---|
| 出差事由 | 外出联系工作 | 出差地点 | 广州 | 往返天数 | 4天 |
| 发生费用 | 交通费 | 住宿费 | 伙食补贴 | 其他 | 合计 |
| | 2 500.00 | 700.00 | 200.00 | 100.00 | 3 500.00 |
| | | | | | |
| 合计 | 2 500.00 | 700.00 | 200.00 | 100.00 | 3 500.00 |
| | 人民币（大写）叁仟伍佰元整 | | | | |
| 预借金额 | 5 000.00 | 应退金额 | 1 500.00 | 应补金额 | |

批准人：李贺　　审核人：李源　　部门主管：王佳　　出差人：张君

## 咸阳市企业统一收据

2019 年 12 月 10 日

交款单位 西秦股份有限公司后勤科张君

人民币（大写） 壹仟伍佰元整　　¥1 500.00

系　　收 差旅费多余款项

| 现金 | ¥1 500.00 |
|---|---|
| 支票 | |
| 付委 | |

收款单位（盖章有效） 西秦股份有限公司 财务专用章

财务 张铭雨　经手人 张君

③ 记账联

16. 所购安居建材股票公允价值变动。

**公允价值变动计算表**

2019 年 12 月 10 日

| 项目 | 持有数量（股） | 公允价值变动前每股价值 | 公允价值变动后每股价值 | 公允价值变动 |
|---|---|---|---|---|
| 安居建材股票 | 20 000 | 15 | 12 | －60 000 |

财务主管：李贺　　复核：李源　　制单：吴亮

17. 购料，材料尚未运达企业。

## 陕西省增值税专用发票

No. 51006913566

陕西省

开票日期：2019 年 12 月 12 日

| | | | | | | | |
|---|---|---|---|---|---|---|---|
| 购货单位 | 名　　称：西秦股份有限公司<br>纳税人识别号：10000200001010900<br>地 址 、电 话：陕西咸阳 029－33696782<br>开户行及账号：建行西兰路分行 665674890 | | | 密码区 | | | |
| 货物或应税劳务的名称 | 规格型号 | 单位 | 数量 | 单价 | 金额 | 税率 | 税额 |
| 松木板 | | 吨 | 5 | 2 400 | 12 000 | | 1 920 |
| 钢板 | | 吨 | 10 | 2 500 | 25 000 | 16% | 4 000 |
| 合计 | | | | | ¥37 000. 00 | | ¥5 920. 00 |
| 价税合计（大写） | 人民币肆万贰仟玖佰贰拾元整 | | | | | | ¥42 920. 00 |
| 销货单位 | 名　　称：林林材料厂<br>纳税人识别号：637809246483291<br>地 址 、电 话：陕西咸阳 029－83337777<br>开户行及账号：中行秦南路分行 8374692051 | | | 备注 | 林林材料厂 财务专用章 | | |

第二联　发票联

收款人：李彤　　复核：刘冰　　开票人：张爽　　销货单位（章）：

中国建设银行（陕）

转账支票存根

B B / 0 2　59012026

附加信息

出票日期　2019 年 12 月 12 日

| | |
|---|---|
| 收款人： | 林林材料厂 |
| 金　额： | ¥42 920. 00 |
| 用　途： | 购料 |

单位主管　李贺　　会计　李源

18. 支付运费，按所运货物吨数在钢板和松木板之间分摊。

# 货物运输业增值税专用发票

№00007457

全国统一发票监制章 陕西省 国家税务局监制

发票联

开票日期：2019 年 12 月 12 日

| | | | |
|---|---|---|---|
| 机打代码<br>机打号码<br>机器编号 | 237030411102<br>00007457 | 税控码 | |
| 收货人及纳税人识别号 | 西秦股份有限公司<br>10000200001010900 | 承运人及纳税人识别号 | 联运公司<br>370102800965337 |
| 发货人及纳税人识别号 | 林林材料厂<br>637809246483291 | 主管税务机关及代码 | 237030503 |
| 起运地、经由、到达地 | 咸阳 | | |
| 费用项目及金额 | 费用项目　金额<br>运费　2 250. 00 | 运输货物信息 | 松木板　5 吨<br>钢板　10 吨 |
| 合计金额 | ￥2 250. 00　税率 10% | 税额 | ￥225. 00　机器编号 |
| 价税合计（大写） | 人民币贰仟肆佰柒拾伍元整 | （小写） | ￥2 475. 00 |
| 车种车号 | 陕 D292X4　车船吨位 | 备注 | 联运公司 发票专用章 |
| 主管税务机关及代码 | 陕西省咸阳市国家税务局 | | |

收款人：　　复核人：　　开票人：丁大力　　承运人：

第二联 发票联

运费分配表

| | 运费 | 重量 | 分配率 | 分配额 |
|---|---|---|---|---|
| 松木板 | | 5 吨 | | 750 元 |
| 钢板 | | 10 吨 | | 1 500 元 |
| 合计 | 2 250 元 | 15 吨 | 150 | 2 250 元 |

中国建设银行
转账支票存根　（陕）
$\frac{B}{0}\frac{B}{2}$ 59012027

附加信息

出票日期 2019 年 12 月 12 日

| | |
|---|---|
| 收款人： | 林林材料厂 |
| 金　额： | ¥2 475.00 |
| 用　途： | 支付运费 |

单位主管 李贺　　会计 李源

19. 购料，材料验收入库，款项尚未支付。

陕西增值税专用发票　No. 51006929369

陕西省

开票日期：2019 年 12 月 13 日

| 购货单位 | 名称：西秦股份有限公司<br>纳税人识别号：10000200001010900<br>地址、电话：陕西咸阳 029－33696782<br>开户行及账号：建行西兰路分行 665674890 | | | 密码区 | | | |
|---|---|---|---|---|---|---|---|
| 货物或应税劳务的名称 | 规格型号 | 单位 | 数量 | 单价 | 金额 | 税率 | 税额 |
| 钢板 | | 吨 | 15 | 3 000 | 45 000 | 16% | 7 200 |
| 合计 | | | | | ¥45 000.00 | | ¥7 200.00 |
| 价税合计（大写） | 人民币伍万贰仟贰佰元整 | | | | | | ¥52 200.00 |
| 销货单位 | 名称：林林材料厂<br>纳税人识别号：637809246483291<br>地址、电话：陕西咸阳 029－83337777<br>开户行及账号：中行秦南路分行 8374692051 | | | 备注 | | | |

第二联　发票联

收款人：李彤　　复核：刘冰　　开票人：张爽　　销货单位（章）：

# 收 料 单

2019 年 12 月 13 日　　　　编号：

| 材料编号 | 材料名称 | 规格 | 材质 | 单位 | 数量 | | 材料金额 | 运杂费 | 实际单价 | 合计（实际成本） |
|---|---|---|---|---|---|---|---|---|---|---|
| | | | | | 发货票 | 实收 | | | | |
| D | 钢板 | | | 吨 | 15 | 15 | 45 000 | | 3 000 | 45 500 |
| 供货单位 | 林林材料厂 | 结算办法 | | | | | | | | |
| 备注 | | | | | | | | | | |

主管：李佳　　质量检验员：李青　　仓库验收：陈升　　经办人：张悦

此联由财务部门报销用

委邮

# 委托收款凭证（付账通知） 4

委托号码：3984

委托日期 2019 年 12 月 13 日　　付款期限 2019 年 12 月 31 日

| 付款人 | | | 收款人 | | | | |
|---|---|---|---|---|---|---|---|
| 全称 | 西秦股份有限公司 | | 全称 | 林林材料厂 | | | |
| 账号或地址 | 陕西咸阳 665674890 | | 账号或地址 | 陕西咸阳 8374692051 | | | |
| 开户银行 | 建行西兰路分行 | | 开户银行 | 中行秦南路分行 | 行号 | 9081 | |

| 委收金额 | 人民币（大写）伍万贰仟贰佰元整 | 千 | 百 | 十 | 万 | 千 | 百 | 十 | 元 | 角 | 分 |
|---|---|---|---|---|---|---|---|---|---|---|---|
| | | | | ¥ | 5 | 2 | 2 | 0 | 0 | 0 | 0 |

| 款项内容 | 购货款 | 委托收款凭据名称 | 发票 | 附寄单证张数 | 1 |
|---|---|---|---|---|---|

备注：
付款人开户银行收到日期 2019 年 12 月 13 日

付款人注意：
1. 根据结算办法，上列委托收款，如在付款期限内款拒付时，视同全部同意付款，以此联代付款通知。
2. 如需提前付款或多付款时，应另写书面通知送银行办理。
3. 如系全部或部分拒付，应在付款期限内另填拒绝付款理由书送银行办理。

单位主管 张科　　会计 刘雪　　复核 刘冰　　记账 邓青

此联是收款人开户银行给付款人按期付款的通知

20. 12日所购材料运达企业，验收入库。

## 收 料 单

2019年12月14日　　　　编号：

| 材料编号 | 材料名称 | 规格 | 材质 | 单位 | 数量 | | 材料金额 | 运杂费 | 实际单价 | 合计（实际成本） |
|---|---|---|---|---|---|---|---|---|---|---|
| | | | | | 发货票 | 实收 | | | | |
| C | 松木板 | | | 吨 | 5 | 5 | 12 000 | 750 | 2 550 | 12 750 |
| D | 钢板 | | | 吨 | 10 | 10 | 25 000 | 1 500 | 2 650 | 26 500 |
| 供货单位 | 林林材料厂 | 结算办法 | 支票结算 | 合同号 | | | | | | |
| 备注 | | | | | | | | | | |

此联由财务部门报销用

主管：李佳　　质量检验员：李青　　仓库验收：陈升　　经办人：张悦

21. 领料。

## 领 料 单

领料单位：切割车间　　　　编号：

用　　途：共同耗用　　2019年12月14日　　仓库：

| 材料编号 | 材料名称及规格 | 计量单位 | 数量 | | 单价 | | 备注 |
|---|---|---|---|---|---|---|---|
| | | | 请领 | 实领 | 单价 | 金额 | |
| A | 纤维板 | 吨 | 35 | 35 | | | |
| B | 橡木板 | 吨 | 6 | 6 | | | |
| D | 钢板 | 吨 | 6 | 6 | | | |

领料单位负责人：陈伟　　领料人：李刚　　发料人：陈升　　制单：刘英

22. 购买办公用品，尚未入库。

陕西增值税专用发票

陕西省

全国统一发票监制章 国家税务局监制

No. 51006929537

开票日期：2019年12月14日

| | | | | | | | |
|---|---|---|---|---|---|---|---|
| 购货单位 | 名　　称：西秦股份有限公司<br>纳税人识别号：10000200001010900<br>地址、电话：陕西咸阳029－33696782<br>开户行及账号：建行西兰路分行665674890 | | | | 密码区 | | |
| 货物或应税劳务的名称 | 规格型号 | 单位 | 数量 | 单价 | 金额 | 税率 | 税额 |
| 台灯 | | 个 | 10 | 380 | 3 800 | 16% | 608 |
| 文件盒 | | 个 | 100 | 20 | 2 000 | 16% | 320 |
| 合计 | | | | | ￥5 800.00 | | ￥928.00 |
| 价税合计（大写） | 人民币陆仟柒佰贰拾捌元整 | | | | | | ￥6 728.00 |
| 销货单位 | 名　　称：丽丽文具店<br>纳税人识别号：908215725383920<br>地址、电话：陕西咸阳029－33734321<br>开户行及账号：工行人民路分理处13546287 | | | | 备注 | 丽丽文具店 财务专用章 | |

收款人：张丽　　复核：张斌　　开票人：刘天　　销货单位（章）：

第二联　发票联

中国建设银行
转账支票存根　（陕）

$\frac{B}{0}\frac{B}{2}$ 59012028

附加信息

出票日期 2019年12月14日

| | |
|---|---|
| 收款人： | 丽丽文具店 |
| 金　额： | ￥6 728.00 |
| 用　途： | 文具费 |

单位主管 李贺　　会计 李源

23. 所购安居建材股票公允价值变动。

公允价值变动计算表

2019 年 12 月 15 日

| 项目 | 持有数量（股） | 公允价值变动前每股价值 | 公允价值变动后每股价值 | 公允价值变动 |
|---|---|---|---|---|
| 安居建材股票 | 20 000 | 12 | 20 | 160 000 |

财务主管：李贺　　复核：李源　　制单：吴亮

24. 14 日所购办公用具入库。

# 入 库 单

2019 年 12 月 15 日　　仓库：

| 编号 | 名称 | 规格型号 | 单位 | 数量 | | 材料金额 | 运杂费 | 实际单价 | 合计（实际成本） |
|---|---|---|---|---|---|---|---|---|---|
| | | | | 发货票 | 实收 | | | | |
| M | 台灯 | | 个 | 10 | 10 | 3 800 | | 380 | 3 800 |
| N | 文件盒 | | 个 | 100 | 100 | 2 000 | | 20 | 2 000 |
| 供货单位 | 丽丽文具店 | 结算办法 | 支票结算 | 合同号 | | | | | |
| 备注 | | | | | | | | | |

此联由财务部门报销用

主管：李佳　　质量检验员：李青　　仓库验收：陈升　　经办人：张悦

25. 领料。

# 领 料 单

领料单位：一车间　　编号：

用　　途：生产衣柜　　2019 年 12 月 15 日　　仓库：

| 材料编号 | 材料名称及规格 | 计量单位 | 数量 | | 单价 | | 备注 |
|---|---|---|---|---|---|---|---|
| | | | 请领 | 实领 | 单价 | 金额 | |
| D | 钢板 | 吨 | 5 | 5 | | | |
| C | 松木板 | 吨 | 3 | 3 | | | |

领料单位负责人：陈伟　　领料人：李刚　　发料人：陈升　　制单：刘英

## 领 料 单

领料单位：二车间
用　　途：生产书柜　　　　2019 年 12 月 15 日　　　　编号：
仓库：

| 材料编号 | 材料名称及规格 | 计量单位 | 数量 | | 单价 | | 备注 |
|---|---|---|---|---|---|---|---|
| | | | 请领 | 实领 | 单价 | 金额 | |
| C | 松木板 | 吨 | 10 | 10 | | | |
| A | 纤维板 | 吨 | 100 | 100 | | | |

领料单位负责人：陈伟　　领料人：李刚　　发料人：陈升　　制单：刘英

26. 领料。

## 领 料 单

领料单位：管理部门
用　　途：一般耗用　　　　2019 年 12 月 16 日　　　　编号：
仓库：

| 材料编号 | 材料名称及规格 | 计量单位 | 数量 | | 单价 | | 备注 |
|---|---|---|---|---|---|---|---|
| | | | 请领 | 实领 | 单价 | 金额 | |
| C | 松木板 | 吨 | 2 | 2 | | | |
| | | | | | | | |

领料单位负责人：陈伟　　领料人：李刚　　发料人：陈升　　制单：刘英

## 领 料 单

领料单位：装配车间
用　　途：共同耗用　　　　2019 年 12 月 16 日　　　　编号：
仓库：

| 材料编号 | 材料名称及规格 | 计量单位 | 数量 | | 单价 | | 备注 |
|---|---|---|---|---|---|---|---|
| | | | 请领 | 实领 | 单价 | 金额 | |
| D | 钢板 | 吨 | 7 | 7 | | | |
| | | | | | | | |

领料单位负责人：陈伟　　领料人：李刚　　发料人：陈升　　制单：刘英

## 领　料　单

领料单位：基建部门　　　　　　　　　　　　　　　　　　编号：
用　　途：专项工程　　　2019 年 12 月 16 日　　　　　　仓库：

| 材料编号 | 材料名称及规格 | 计量单位 | 数量 | | 单价 | | 备注 |
|---|---|---|---|---|---|---|---|
| | | | 请领 | 实领 | 单价 | 金额 | |
| D | 钢板 | 吨 | 3 | 3 | | | |
| | | | | | | | |

领料单位负责人：陈伟　　领料人：李刚　　发料人：陈升　　制单：刘英

27. 领用办公用具。

## 领　料　单

领料单位：管理部门　　　　　　　　　　　　　　　　　　编号：
用　　途：管理用　　　2019 年 12 月 16 日　　　　　　仓库：

| 编号 | 名称及规格 | 计量单位 | 数量 | | 单价 | | 备注 |
|---|---|---|---|---|---|---|---|
| | | | 请领 | 实领 | 单价 | 金额 | |
| M | 台灯 | 个 | 20 | 20 | 380 | 7 600 | 采用一次摊销法 |
| N | 文件盒 | 个 | 200 | 200 | 20 | 4 000 | 采用一次摊销法 |

领料单位负责人：陈伟　　领料人：李刚　　发料人：陈升　　制单：刘英

28. 购料。

# 河南增值税专用发票

河南省

No. 53106929583

开票日期：2019年12月16日

| 购货单位 | 名称：西秦股份有限公司<br>纳税人识别号：10000200001010900<br>地址、电话：陕西咸阳029－33696782<br>开户行及账号：建行西兰路分行665674890 | 密码区 | | | | | |
|---|---|---|---|---|---|---|---|
| 货物或应税劳务的名称 | 规格型号 | 单位 | 数量 | 单价 | 金额 | 税率 | 税额 |
| 镜子 | | 每平方米 | 100 | 200 | 20 000 | 16% | 3 200 |
| 合计 | | | | | ￥20 000.00 | | ￥3 200.00 |
| 价税合计（大写） | 人民币贰万叁仟贰佰元整 | | | | | | ￥23 200.00 |
| 销货单位 | 名称：郑州镜子厂<br>纳税人识别号：837469183701011<br>地址、电话：河南郑州0371－87931288<br>开户行及账号：工行南关分理处930298374 | 备注 | | | | | |

第二联 发票联

收款人：张亮　复核：田明　开票人：赵颖　销货单位（章）：

（印章：全国统一发票监制章 河南省 国家税务局监制；郑州镜子厂 财务专用章）

# 中国建设银行电汇凭证（回单） 1

凭证号码 第008981号

委托日期2019年12月16日

| 汇款人 | 全称 | 西秦股份有限公司 | | | 收款人 | 全称 | 郑州镜子厂 | | |
|---|---|---|---|---|---|---|---|---|---|
| | 账号或地址 | 陕西咸阳665674890 | | | | 账号或地址 | 河南郑州930298374 | | |
| | 汇出地点 | 陕西省咸阳市 | 汇出行名称 | 建行西兰路分行 | | 汇入地点 | 河南省郑州市 | 汇入行名称 | 工行南关分理处 |

| 金额 | 人民币（大写）贰万叁仟贰佰元整 | 千 | 百 | 十 | 万 | 千 | 百 | 十 | 元 | 角 | 分 |
|---|---|---|---|---|---|---|---|---|---|---|---|
| | | | | ￥ | 2 | 3 | 2 | 0 | 0 | 0 | 0 |

汇款用途：归还货款

上列款项已根据委托办理，如需查询，请持此回单来行面洽。

单位主管 李贺　会计 李源　出纳 张铭雨　记账 刘悦

（印章：建行西兰路分行 2019.12.16 汇出行盖章 2019年12月16日 付讫）

此联是汇出行给汇款人的回单

## 收　料　单

2019 年 12 月 16 日　　　　编号：

| 材料编号 | 材料名称 | 规格 | 材质 | 单位 | 数量 | | 材料金额 | 运杂费 | 实际单价 | 合计（实际成本） |
|---|---|---|---|---|---|---|---|---|---|---|
| | | | | | 发货票 | 实收 | | | | |
| G | 镜子 | | | 每平方米 | 100 | 100 | 20 000 | | 200 | 20 000 |
| 供货单位 | 郑州镜子厂 | 结算办法 | 电汇 | 合同号 | | | | | | |
| 备注 | | | | | | | | | | |

此联由财务部门报销用

主管：李佳　　质量检验员：李青　　仓库验收：陈升　　经办人：张悦

29. 购料。

## 陕西增值税专用发票

No. 51069434578

陕西省

（印章：全国统一发票监制章 陕西省 国家税务局监制）

开票日期：2019 年 12 月 17 日

| 购货单位 | 名称：西秦股份有限公司<br>纳税人识别号：100002000010109000<br>地址、电话：陕西咸阳 029－33696782<br>开户行及账号：建行西兰路分行 665674890 | 密码区 | | | | | |
|---|---|---|---|---|---|---|---|
| 货物或应税劳务的名称 | 规格型号 | 单位 | 数量 | 单价 | 金额 | 税率 | 税额 |
| 油漆 | | 公斤 | 200 | 25 | 5 000 | 16% | 800 |
| 合计 | | | | | ¥5 000.00 | | ¥800.00 |
| 价税合计（大写） | 人民币伍仟捌佰元整 | | | | | | ¥5 800.00 |
| 销货单位 | 名称：咸阳油漆厂<br>纳税人识别号：5901156234706<br>地址、电话：陕西咸阳 029－37890111<br>开户行及账号：工行秦皇路分行 938270190 | 备注 | （印章：咸阳油漆厂 财务专用章） | | | | |

第二联　发票联

收款人：李马　　复核：张璐　　开票人：张琼　　销货单位（章）：

中国建设银行
转账支票存根　（陕）
$\frac{B}{0}\frac{B}{2}$ 59012029
附加信息

出票日期　2019 年 12 月 17 日

| | |
|---|---|
| 收款人： | 咸阳油漆厂 |
| 金　额： | ¥5 800.00 |
| 用　途： | 购货 |

单位主管　李贺　　　会计　李源

## 收　料　单

2019 年 12 月 17 日　　　　编号：

| 材料编号 | 材料名称 | 规格 | 材质 | 单位 | 数量 | | 材料金额 | 运杂费 | 实际单价 | 合计（实际成本） |
|---|---|---|---|---|---|---|---|---|---|---|
| | | | | | 发货票 | 实收 | | | | |
| E | 油漆 | | | 公斤 | 200 | 200 | 5 000 | | 25 | 5 000 |
| 供货单位 | 咸阳油漆厂 | 结算办法 | 转账支票 | 合同号 | | | | | | |
| 备注 | | | | | | | | | | |

此联由财务部门报销用

主管：李佳　　质量检验员：李青　　仓库验收：陈升　　经办人：张悦

30. 购料。

陕西增值税专用发票　　No. 51036913534

陕西省

开票日期：2019 年 12 月 17 日

| 购货单位 | 名　　称：西秦股份有限公司<br>纳税人识别号：10000200001010900<br>地 址 、电 话：陕西咸阳 029－33696782<br>开户行及账号：建行西兰路分行 665674890 | 密码区 | | | | | |
|---|---|---|---|---|---|---|---|
| 货物或应税劳务的名称 | 规格型号 | 单位 | 数量 | 单价 | 金额 | 税率 | 税额 |
| 纤维板 | | 吨 | 100 | 305 | 30 500 | 16% | 4 880 |
| 橡木板 | | 吨 | 30 | 3 200 | 96 000 | | 15 360 |
| 合计 | | | | | ¥126 500.00 | | ¥20 240.00 |
| 价税合计（大写） | 人民币壹拾肆万陆仟柒佰肆拾元整 | | | | | | ¥146 740.00 |
| 销货单位 | 名　　称：秦岭材料厂<br>纳税人识别号：573829372048329<br>地 址 、电 话：陕西榆林 0912－73629433<br>开户行及账号：工行榆林市分行 9372938237 | 备注 | | | | | |

第二联　发票联

收款人：谭丽　　复核：徐文　　开票人：徐光明　　销货单位（章）：

中国建设银行（陕）

转账支票存根

$\frac{B}{0}\frac{B}{2}$ 59012030

附加信息

出票日期 2019 年 12 月 17 日

| | |
|---|---|
| 收款人： | 秦岭材料厂 |
| 金　额： | ¥146 740.00 |
| 用　途： | 购货 |

单位主管　李贺　　会计　李源

## 收　料　单

2019 年 12 月 17 日　　　　编号：

| 材料编号 | 材料名称 | 规格 | 材质 | 单位 | 数量 | | 材料金额 | 运杂费 | 实际单价 | 合计（实际成本） |
|---|---|---|---|---|---|---|---|---|---|---|
| | | | | | 发货票 | 实收 | | | | |
| A | 纤维板 | | | 吨 | 100 | 100 | 30 500 | | 305 | 30 500 |
| B | 橡木板 | | | 吨 | 30 | 30 | 96 000 | | 3 200 | 96 000 |
| 供货单位 | 秦岭材料厂 | 结算办法 | 汇兑 | 合同号 | | | | | | |
| 备注 | | | | | | | | | | |

主管：李佳　　质量检验员：李青　　仓库验收：陈升　　经办人：张悦

31. 购入汽车。

## 陕西增值税专用发票

No. 51009384901

开票日期：2019 年 12 月 18 日

| 购货单位 | 名称：西秦股份有限公司<br>纳税人识别号：10000200001010900<br>地址、电话：陕西咸阳 029－33696782<br>开户行及账号：建行西兰路分行 665674890 | 密码区 | | | | | |
|---|---|---|---|---|---|---|---|
| 货物或应税劳务的名称 | 规格型号 | 单位 | 数量 | 单价 | 金额 | 税率 | 税额 |
| 东风卡车（5t） | | 辆 | 1 | 200 000 | 200 000 | 16% | 32 000 |
| 合计 | | | | | ¥200 000. 00 | | ¥32 000. 00 |
| 价税合计（大写） | 人民币贰拾叁万贰仟元整 | | | | | | ¥232 000. 00 |
| 销货单位 | 名称：第二汽车制造厂<br>纳税人识别号：087535689021345<br>地址、电话：重庆 023－81479208<br>开户行及账号：建行河滨分行 097547894 | 备注 | 第二汽车制造厂 财务专用章 | | | | |

第二联　发票联

收款人：张琦　　复核：方登　　开票人：徐志　　销货单位（章）：

## 中国建设银行信汇凭证（支款凭证）　1

凭证号码　第 1202 号

委托日期 2019 年 12 月 18 日

| | | | | | | | | |
|---|---|---|---|---|---|---|---|---|
| 汇款人 | 全称 | 西秦股份有限公司 | | | 收款人 | 全称 | 第二汽车制造厂 | |
| | 账号或地址 | 陕西咸阳 665674890 | | | | 账号或地址 | 重庆 097547894 | |
| | 汇出地点 | 陕西省咸阳市 | 汇出行名称 | 建行西兰路分行 | | 汇入地点 | 重庆市 | 汇入行名称：建行河滨分行 |

| 金额 | 千 | 百 | 十 | 万 | 千 | 百 | 十 | 元 | 角 | 分 |
|---|---|---|---|---|---|---|---|---|---|---|
| 人民币（大写）贰拾叁万贰仟元整 | | ¥ | 2 | 3 | 2 | 0 | 0 | 0 | 0 | 0 |

汇款用途：付购车款

单位主管　李贺　会计　吴亮　复核　李源　记账　刘悦

汇出行盖章　年　月　日

建行西兰路分行　2019.12.18　付讫

此联是汇出行给汇款人的回单

## 固定资产移交使用验收单

管理部门：运输部门

使用部门：销售科

编号：0251

交接日期：2019 年 12 月 18 日

| 固定资产编号 | 固定资产名称 | 出品工厂和日期 | 型号 | 购建原价或自制成本 | |
|---|---|---|---|---|---|
| | | | | 单价 | 200 000 |
| | | | | 总值 | 200 000 |
| E－51 | 东风卡车（5t） | | | 安装费 | |
| | | | | 运输费 | |
| | | | | 合计 | 200 000 |
| 主要规格及说明 | | | | 调划价值 | |
| | | | | 单价 | |
| | | | | 总值 | |
| 单位：辆 | 数量：1 | | | 估计重置价值 | |
| | | | | | |
| 每月折旧率 | 每月折旧款 | 开始计提折旧年月 | | 已提折旧累计 | |
| | | | | 净值 | |

厂长或负责人：　　管理部门：运输部门　　使用部门：销售科　　财会部门：李贺

（起牌照等有关费用的核算从略）

32. 购切割机一台，尚未安装。

## 陕西省增值税专用发票

No. 51003928279

陕西省

开票日期：2019 年 12 月 19 日

| | | | | | | | |
|---|---|---|---|---|---|---|---|
| 购货单位 | 名　　称：西秦股份有限公司<br>纳税人识别号：100002000010109000<br>地 址 、电 话：陕西咸阳 029－33696782<br>开户行及账号：建行西兰路分行 665674890 | | | 密码区 | | | |
| 货物或应税劳务的名称 | 规格型号 | 单位 | 数量 | 单价 | 金额 | 税率 | 税额 |
| 激光切割机 | | 台 | 1 | 80 000 | 80 000 | 16% | 12 800 |
| 合计 | | | | | ￥80 000.00 | | ￥12 800.00 |
| 价税合计（大写） | 人民币玖万贰仟捌佰元整 | | | | | | ￥92 800.00 |
| 销货单位 | 名　　称：陕西秦川机床厂<br>纳税人识别号：836482906782163<br>地 址 、电 话：陕西宝鸡 0917－5792756<br>开户行及账号：工行西南路分行 245000079112 | | | 备注 | 陕西秦川机床厂 财务专用章 | | |

第二联 发票联

收款人：刘琦　　复核：韩磊　　开票人：李斌　　销货单位（章）：

## 中国建设银行信汇凭证（支款凭证）　1

凭证号码　第 1392 号

委托日期 2019 年 12 月 19 日

| | | | | | | | | |
|---|---|---|---|---|---|---|---|---|
| 汇款人 | 全称 | 西秦股份有限公司 | | | 收款人 | 全称 | 陕西秦川机床厂 | |
| | 账号或地址 | 陕西咸阳 665674890 | | | | 账号 | 陕西宝鸡 245000079112 | |
| | 汇出地点 | 陕西省咸阳市 | 汇出行名称 | 建行西兰路分行 | | 汇入地点 | 陕西省宝鸡市 | 汇入行名称：工行西南路分行 |
| 金额 | 人民币（大写）玖万贰仟捌佰元整 | | | | | | | 千 百 十 万 千 百 十 元 角 分：¥ 9 2 8 0 0 0 0 |
| 汇款用途：付购激光切割机 | | | | | | 建行西兰路分行 2019.12.19 汇出行盖章 付讫 年 月 日 | | |
| 单位主管 李贺　会计 吴亮　复核 李源　记账 刘悦 | | | | | | | | |

此联是汇出行给汇款人的回单

33. 安居建材宣告分派现金股利，每股 0. 2 元。

**应收股利计算表**

2019 年 12 月 20 日

| 股票名称 | 持有数量（股） | 每股股利 | 应收股利 |
|---|---|---|---|
| 安居建材 | 20 000 | 0. 2 | 4 000 |

财务主管：李贺　　复核：李源　　制单：吴亮

34. 支付安装费用。

**陕西省咸阳市普通发票**

咸阳市

2019 年 12 月 20 日

| 购货单位（人） | 名称 | 西秦股份有限公司 | 识别号或身份证号 10000200001010900 | | | | | | | | | |
|---|---|---|---|---|---|---|---|---|---|---|---|---|
| | 地址 | 陕西省咸阳市文林路 37 号 | 电话 | 029－33696782 | | | | | | | | |
| 品名 | 规格 | 单位 | 数量 | 单价 | 金额 | | | | | | | |
| | | | | | 万 | 千 | 百 | 十 | 元 | 角 | 分 | |
| 安装激光切割机 | | | | | | 8 | 0 | 0 | 0 | 0 | 0 | |
| | | | | | | | | | | | | |
| | | | | | | | | | | | | |
| 合计（大写） | 人民币捌仟元整 | | | | ¥ | 8 | 0 | 0 | 0 | 0 | 0 | |
| 销货单位 | 名称 | 咸阳安装公司 | 纳税人识别号 | 59015788911215 | | | | | | | | |
| | 地址、电话 | 029－47758395 | 开户银行及账号 | 工行人民路分行 057892938 | | | | | | | | |

第二联　发票联

销货单位（章）：　　财务：邹乐　　开票人：马骥

中国建设银行
转账支票存根 （陕）

$\frac{B}{0}\frac{B}{2}$ 59012031

附加信息

出票日期 2019 年 12 月 20 日

| | |
|---|---|
| 收款人：咸阳安装公司 | |
| 金　额：¥8 000.00 | |
| 用　途：付安装费 | |

单位主管 李贺　　会计 李源

35. 刨床安装完成，交车间使用。

## 固定资产移交使用验收单

管理部门：设备科　　编号：0185

使用部门：加（一）车间　　交接日期：2019 年 12 月 20 日

| 固定资产编号 | 固定资产名称 | 出品工厂和日期 | 型号 | | 购建原价或自制成本 | |
|---|---|---|---|---|---|---|
| | | | | | 单价 | 80 000 |
| | | | | | 总值 | 80 000 |
| | 激光切割机 | | | | 安装费 | 8 000 |
| | | | | | 运输费 | |
| | | | | | 合计 | 88 000 |
| 主要规格及说明 | | | | | 调划价值 | |
| | | | | | 单价 | |
| | | | | | 总值 | |
| 单位 | 台 | 数量 | 1 | | 估计重置价值 | |
| | | | | | | |
| 每月折旧率 | 每月折旧款 | 开始计提折旧年月 | | | 已提折旧累计 | |
| | | | | | 净值 | |

厂长或负责人：何君　　管理部门：设备科　　使用部门：加工（一）车间　　财会部门：李贺

36. 报废固定资产转入清理。

## 固定资产报废申请书

申请单位：西秦股份有限公司　　　　厂固定资产编号：7－10－104

| 名称 | 简易仓库 | 出厂时间 | | 出厂编号 | |
| --- | --- | --- | --- | --- | --- |
| 型号、规格 | 20×30 砖木石棉瓦 | 投产时间 | 2010.12 | 单位 | 平方米 |
| 制造厂 | 西秦股份有限公司 | 使用单位 | 切割车间 | | |
| 原值（元） | 200 000.00 | 净值（元） | 112 250.00 | | |
| 已折旧（元） | 87 750.00 | 残值（元） | 5 000 | | |
| 报废原因：<br>2019 年 12 月 23 日，由于简易仓库线路超载短路，产生电弧高温、熔金，击穿汽油桶，发生火灾。<br>报告人：赵文<br>2019 年 12 月 23 日 | | | | | |
| 资产管理部门意见（公章） | | | 厂部意见（公章） | | |

## 咸阳市公安局
## 火灾原因鉴定书

（市）公消监（2019）字第 682

2019 年 12 月 23 日，咸阳市西秦股份有限公司 600㎡"简易仓库"失火，经我方与该厂职工奋力扑救，终因火势过大仓库被毁。事后经勘查现场，发现供电线路有明显熔化状和汽油桶穿孔痕迹，这些均与目击者提供情况及我方技术鉴定结果相吻合。因此，火灾原因系线路超载短路产生电弧高温，引起熔金击穿汽油桶（系仓库清洁使用）所致。

特此鉴定

（盖章）

2019 年 12 月 23 日

抄送：咸阳市保险公司

37. 支付清理费。

陕西省咸阳市普通发票

咸阳市

2019 年 12 月 23 日

| 购货单位（人） | 名称 | 西秦股份有限公司 | 识别号或身份证号 10000200001010900 | | | | | | | | | | |
|---|---|---|---|---|---|---|---|---|---|---|---|---|---|
| | 地址 | 陕西省咸阳市文林路 37 号 | 电话 | 029－33696782 | | | | | | | | | |
| 品名 | | 规格 | 单位 | 数量 | 单价 | 金额 | | | | | | | |
| | | | | | | 十 | 万 | 千 | 百 | 十 | 元 | 角 | 分 |
| 收清理费 | | | | | | | | 4 | 0 | 0 | 0 | 0 | 0 |
| | | | | | | | | | | | | | |
| | | | | | | | | | | | | | |
| 合计（大写） | 人民币肆仟元整 | | | | | | ¥ | 4 | 0 | 0 | 0 | 0 | 0 |
| 销货单位 | 名称 | 咸阳市劳动服务公司 | 纳税人识别号 | 590115785612315 | | | | | | | | | |
| | 地址、电话 | 陕西咸阳 029－57808500 | 开户银行及账号 | 中行人民路分行 837260102 | | | | | | | | | |

第二联　发票联

销货单位（章）：　　财务：仇军　　开票人：赵云

中国建设银行
转账支票存根　（陕）

$\frac{B}{0}\frac{B}{2}$ 59012032

附加信息

出票日期　2019 年 12 月 23 日

| | |
|---|---|
| 收款人： | 咸阳市劳动服务公司 |
| 金　额： | ¥4 000.00 |
| 用　途： | 付清理费 |

单位主管　李贺　　会计　李源

38. 收回清理工棚残料。

**残料入库单**

2019 年 12 月 24 日

| 材料类型 | 计量单位 | 数量 | 金额（元） |
|---|---|---|---|
| 残料——钢板 | 吨 | 1 | 2 800 |
| 合计 | | | ¥2 800 |

39. 收到保险公司出险损失计算书，保险赔偿尚未收到。并结算着火仓库清理损益。

## 中国人民保险公司咸阳市分公司<br>出险损失计算书

<table>
<tr><td>赔案编号</td><td>9380938</td><td>被保险人</td><td colspan="3">西秦股份有限公司</td></tr>
<tr><td>保险单号码</td><td>7462890</td><td>起运通知单号次</td><td colspan="3"></td></tr>
<tr><td>批单号次</td><td></td><td>保品</td><td colspan="3">房屋建筑物等资产</td></tr>
<tr><td>保险金额</td><td>120 000. 00</td><td>承保条件</td><td colspan="3"></td></tr>
<tr><td>保险期限</td><td>自 2011 年 1 月 1 日　起<br>至 2031 年 12 月 31 日　止</td><td>运输工具名称及吨位</td><td></td><td>号次</td><td></td></tr>
<tr><td>出险日期</td><td>2019 年 12 月 25 日 18 时 20 分</td><td>起讫地点</td><td colspan="3">自　经　到</td></tr>
<tr><td>出险地点</td><td colspan="5">西秦股份有限公司</td></tr>
<tr><td colspan="6">赔款原因：<br>根据中华人民共和国财产保险合同条例有关规定及事故单位 7462890 号投保单、公安局火灾原因鉴定书等资料，理赔损失财产净额 95%，其余由事故单位承担。</td></tr>
<tr><td colspan="6">赔款计算：<br>损失财产原值 200 000 元，累计折旧 87 750 元，净值 112 250 元，减去因超载原因而由事故单位负担的 5% 即 5 613 元及残料收入 2 800 元，加施救费用 2 500 元，应理赔金额 107 137 元整。</td></tr>
<tr><td rowspan="2">本案责任</td><td>保品损失<br>第三者责任<br>施救费用<br>勘查费用<br>追偿款<br>损失收回</td><td></td><td colspan="3">证明文件<br>市公安局［2019］火字第 682 号</td></tr>
<tr><td colspan="2">共计（大写）：人民币壹拾万柒仟壹佰叁拾柒元整</td><td colspan="3">赔讫日期 2020 年 1 月 25 日</td></tr>
</table>

核写：张玉　　　　审核：刘北海　　　　编制：王东武

40. 盘亏切割机一台。

## 固定资产盈亏报告表

2019 年 12 月 31 日

| 固定资产名称 | 规格 | 使用部门 | 账面数量（台） | 实存数量（台） | 盘盈（台） | 盘亏（台） |
|---|---|---|---|---|---|---|
| 切割机 | A121 | 一车间 | 18 | 17 | | 1 |

## 国有资产卡片（正）

类别：生产用设备

| 名称 | 切割机 | 资产编号 | |
|---|---|---|---|
| 型号（结构） | A121 | 规格（米$^2$） | |
| 制（建）造厂 | 宝鸡车床厂 | 出厂时间 | 2015. 12 |
| 使用单位 | 西秦股份有限公司 | 出厂编号 | 1 098 |
| 资金来源 | | 资产原值 | 50 000 |
| 列账凭证 | | 购入年月 | 2016. 12 |
| 附件或附属物 | | 验收日期 | 2016. 12 |
| | | 折旧年限 | 10 年 |
| 调拨转移记录 | | 预计残值 | 1 200 元 |
| 报废清理记录 | | 预计清理费 | |
| 中间停用记录 | | 原安装费 | |

41. 12 月 31 日，核销盘亏固定资产。

## 便　　函

财务部：

贵部挂账盘亏 A121 切割机一台，净值 35 360 元，经厂办公会议研究，同意给予核销。

特此批复

2019 年 12 月 31 日

42. 计提折旧。

上月切割车间报废厂房，资料如下：

## 国有资产卡片（正）

类别：生产用厂房

| 名称 | 厂房 | 资产编号 | |
|---|---|---|---|
| 型号（结构） | | 规格（米$^2$） | |
| 制（建）造厂 | 陕西八建公司 | 出厂时间 | |
| 使用单位 | 西秦股份有限公司 | 出厂编号 | |
| 资金来源 | | 资产原值 | 200 000 元 |
| 列账凭证 | | 启用年月 | 2001 年 12 月 |
| 附件或附属物 | | 验收日期 | 2001 年 12 月 |
| | | 折旧年限 | 20 年 |
| 调拨转移记录 | | 预计残值 | 8 000 元 |
| 报废清理记录 | | 预计清理费 | |
| 中间停用记录 | | 原安装费 | |

上月加工（一）车间增加设备，资料如下：

## 国有资产卡片（正）

类别：生产用设备

| 名称 | 车床 | 资产编号 | |
|---|---|---|---|
| 型号（结构） | C620 | 规格（米²） | |
| 制（建）造厂 | 车床厂 | 出厂时间 | 2019 年 7 月 |
| 使用单位 | 西秦股份有限公司 | 出厂编号 | |
| 资金来源 | | 资产原值 | 50 000 元 |
| 列账凭证 | | 启用年月 | 2019 年 11 月 |
| 附件或附属物 | | 验收日期 | 2019 年 11 月 |
| | | 折旧年限 | 10 年 |
| 调拨转移记录 | | 预计残值 | 5 000 元 |
| 报废清理记录 | | 预计清理费 | |
| 中间停用记录 | | 原安装费 | |

## 固定资产折旧计算表

2019 年 12 月　　单位：元

| 使用单位和固定资产类别 | | 上月已提折旧额 | 上月增加的固定资产就计提的折旧额 | 上月减少的固定资产应计提的折旧额 | 本月应计提折旧额 |
|---|---|---|---|---|---|
| 切割车间 | 厂房 | 2 800. 00 | | | |
| | 机器设备 | 4 200. 00 | | | |
| | 小计 | 7 000. 00 | | | |
| 加工（一）车间 | | 6 500. 00 | | | |
| 加工（二）车间 | | 4 500. 00 | | | |
| 装配车间 | | 2 900. 00 | | | |
| 机修车间 | | 2 460. 00 | | | |
| 供汽车间 | | 2 740. 00 | | | |
| 厂部管理部门 | | 5 400. 00 | | | |
| 合计 | | 31 500. 00 | | | |

主管：李贺　　审核：李源　　制表：吴亮

43. 购入专有技术。

中国建设银行
转账支票存根　（陕）

$\frac{B}{0}\ \frac{B}{2}$　59012033

附加信息

出票日期　2019 年 12 月 31 日

| | |
|---|---|
| 收款人： | 秦丰有限公司 |
| 金　额： | ¥38 000.00 |
| 用　途： | 购入专有技术 |

单位主管　李贺　　　会计　李源

## 陕西省咸阳市普通发票

咸　阳　市

2019 年 12 月 31 日

全国统一发票监制章　国家税务局监制

| | | | | | | | | | | | | | |
|---|---|---|---|---|---|---|---|---|---|---|---|---|---|
| 购货单位（人） | 名称 | 西秦股份有限公司 | | | 识别号或身份证号 1000020000101090[illegible] | | | | | | | | |
| | 地址 | 陕西省咸阳市文林路 37 号 | | 电话 | 029－33696782 | | | | | | | | |
| 品名 | | 规格 | 单位 | 数量 | 单价 | 金额 | | | | | | | |
| | | | | | | 十 | 万 | 千 | 百 | 十 | 元 | 角 | 分 |
| 专有技术 | | | | | | | 3 | 8 | 0 | 0 | 0 | 0 | 0 |
| | | | | | | | | | | | | | |
| | | | | | | | | | | | | | |
| 合计（大写） | 人民币叁万捌仟元整 | | | | | ¥ | 3 | 8 | 0 | 0 | 0 | 0 | 0 |
| 销货单位 | 名称 | 秦丰有限公司 | 纳税人识别号 | | 59015788911215 | | | | | | | | |
| | 地址、电话 | 陕西咸阳 029－37583950 | 开户银行及账号 | | 中行建设二路分行 928370192 | | | | | | | | |

第二联　发票联

秦丰有限公司　财务专用章

销货单位（章）：　　　财务：李大力　　　开票人：马云

44. 12 月 31 日接受投资，取得专利权一项。

## 投资协议（摘录）

投资单位：新星科技有限责任公司

接受投资单位：西秦股份有限公司

新星科技有限责任公司向西秦股份有限公司投入专利权一项，评估确认价 32 万元。新星科技有限责任公司须在 2019 年 12 月 31 日前向西秦股份有限公司出资，办理完有关手续。

2019 年 11 月 20 日

## （市）资评（2016）第 138 号

新星科技有限责任公司：

我所接受贵单位委托于 2019 年 12 月 31 日派出注册资产评估师李鸣等 3 人，对投资的专利权进行评估，评估结果报告如下：

一、评估基准日：2019 年 12 月 31 日

二、评估目的：投资

三、评估计价标准：评估价值

四、无形资产评估情况及结果（见下）

### 无形资产评估报告表

| 名称 | 账面价值 | 评估价值 |
| --- | --- | --- |
| 滑轮阻尼专利权 | 300 000 | 320 000 |

评估单位：宏达评估公司（公章）　　注册资产评估师：李鸣　　评估负责人：王海波

45. 摊销管理用专利技术一项。

**无形资产摊销计算表**

2019 年 12 月 31 日

| 无形资产类别 | 账面摊余价值 | 摊销期限（月） | 本期摊销额 | 记入科目 |
| --- | --- | --- | --- | --- |
| 专有技术 | 48 360 | 120 | 403 | 管理费用 |
| | | | | |
| | | | | |
| 合计 | 48 360 | 120 | 403 | |

46. 出售安居建材 2 万股股票，款项已存入银行。

西部证券营业部成交过户交割单

| | |
|---|---|
| 日期：2019 年 12 月 31 日 | 业务名称：证券卖出 |
| 股东账号：837901 | 合同号：53000 |
| 股东名称：西秦股份有限公司 | 成交编号：234121 |
| 股票名称：安居建材 | 申报时间：11：10：00 |
| 买卖方向：卖出 | 成交时间：11：25：00 |
| 成交价格：20. 00 | 佣金：1 000. 00 |
| 成交数量：20 000 股 | 印花税：400. 00 |
| 成交金额：400 000. 00 | 过户费：0. 00 |
| 实际收付：398 600. 00 | 其他费：0. 00 |
| | 打印时间：2019 年 12 月 31 日 |

经办单位：西部证券营业部　　客户签名：西秦股份有限公司

47. 编制发料凭证汇总表。

# 发料凭证汇总表

2019 年 12 月 31 日

| 应贷账户 \ 应借账户 | | 生产成本 | | 制造费用 | 管理费用 | 在建工程 | 合计 |
|---|---|---|---|---|---|---|---|
| | | 衣柜 | 书柜 | | | | |
| 原材料 | 原料及主要材料 | | | | | | |
| | ——纤维板 | | | | | | |
| | ——橡木板 | | | | | | |
| | ——松木板 | | | | | | |
| | ——钢板 | | | | | | |
| | 辅助材料 | | | | | | |
| | ——油漆 | 1 000 | 2 500 | 1 000 | 1 500 | —— | 6 000 |
| | 外购半成品 | | | | | | |
| | ——镜子 | | 70 000 | | | | 70 000 |
| | ——玻璃 | | 30 000 | | | | 30 000 |
| | 合计 | | | | | | |

48. 归集并分配“制造费用”。

## 制造费用分配表

2019 年 12 月 31 日　　单位：元

| 产品名称 | 分配标准（工时） | 分配率 | 分配金额 |
|---|---|---|---|
| 衣柜 | 300 | | |
| 书柜 | 200 | | |
| 合计 | 500 | | |

49. 结转本月销售产品成本。

## 销售产品成本计算单

2019 年 12 月 31 日　　单位：元

| 产品名称 | 单位 | 销售数量 | 总成本 | 单位成本 |
|---|---|---|---|---|
| 书柜 | 组 | 12 | | |
| 衣柜 | 组 | — | — | — |
| 合计 | — | — | | |

复核：贾如　　制单：李千　　2019 年 12 月 31 日

50. 结转本月完工产品成本，并验收入库。

## 产成品入库单

交库单位：加工车间　　2019 年 12 月 31 日　　单位：元

| 产品名称 | 单位 | 交付数量 | 实收数量 | 总成本 | 单位成本 |
|---|---|---|---|---|---|
| 衣柜 | 组 | 8 | 8 | 144 000 | 18 000 |
| 书柜 | 组 | 5 | 5 | 75 000 | 15 000 |
| 合计 | | | | 219 000 | |

送库车间：生产车间　　检验员：刘大山　　保管：呼杰

51. 存货清查。

## 账存实存对比表

单位名称：西秦股份有限公司　　　　2019 年 12 月 31 日

| 名称及规格 | 计量单位 | 单位（元） | 实际盘存 | | 账面盘存 | | 对比结果 | | 处理批示 |
|---|---|---|---|---|---|---|---|---|---|
| | | | 数量 | 金额 | 数量 | 金额 | 盘盈 | 盘亏 | |
| 松木板 | 吨 | 2 510 | 8 | 20 080 | 10 | 25 100 | | 5 020 | 水灾 |
| 纤维板 | 吨 | 315 | 167 | 52 605 | 165 | 51 975 | 630 | | 计量差错 |
| 合计 | | | | | | | 630 | 5 020 | |

52. 计提坏账准备。

**坏账准备计算表**

2019 年 12 月 31 日

| 应收账款余额 | 计提比例 | 计提/冲销坏账准备 |
|---|---|---|
| | 5‰ | |

53. 企业存货期末的资料如下：

**存货减值准备计算表**

2019 年 12 月 31 日

| 日期 | 项目 | 账面价值 | 可变现净值 | 减值准备 |
|---|---|---|---|---|
| 2019 年 12 月 31 日 | 橡木板 | 167 400 | 167 800 | |
| 2019 年 12 月 31 日 | 钢板 | 152 280 | 151 000 | |

注：假设以前各期橡木板、钢板均未提过减值准备。

54. 确认固定资产减值准备。

**固定资产减值准备计算表**

2019 年 12 月 31 日

| 固定资产账面价值 | 可收回金额 | 固定资产减值准备 |
| --- | --- | --- |
| | 15 156 000 | |

注：假设以前各期固定资产均未提过减值准备。

55. 2019 年 12 月 31 日，结转收入类账户。
56. 2019 年 12 月 31 日，结转费用类账户。
57. 2019 年 12 月 31 日，计算、确认 12 月所得税费用。

**所得税费用计算表**

2019 年 12 月 31 日

| 应纳税所得额计算 | | 税率 | 应纳税额 |
| --- | --- | --- | --- |
| 利润总额 | | | |
| 纳税调增事项 | 0 | | |
| 纳税调减事项 | 0 | | |
| 应纳税所得额 | | 25% | |

58. 2019 年 12 月 31 日，结转 12 月所得税费用。
59. 2019 年 12 月 31 日，结转 2019 年全年“本年利润”。

## 科目汇总表

编制单位： 年 月 日 单位：

| 编号 | 总账科目 | 本期发生额 | |
|---|---|---|---|
| | | 借方金额 | 贷方金额 |
| | | | |
| | | | |
| | | | |
| | | | |
| | | | |
| | | | |
| | | | |
| | | | |
| | | | |
| | | | |
| | | | |
| | | | |
| | | | |
| | | | |
| | | | |
| | | | |
| | | | |
| | | | |
| | | | |
| | | | |
| | | | |
| | | | |
| | | | |
| | | | |
| | | | |
| | | | |
| | | | |

## 科目汇总表

编制单位：　　　　　　　　　　　　年　月　日　　　　　　　　　　　　单位：

| 编号 | 总账科目 | 本期发生额 | |
|---|---|---|---|
| | | 借方金额 | 贷方金额 |
| | | | |
| | | | |
| | | | |
| | | | |
| | | | |
| | | | |
| | | | |
| | | | |
| | | | |
| | | | |
| | | | |
| | | | |
| | | | |
| | | | |
| | | | |
| | | | |
| | | | |
| | | | |
| | | | |
| | | | |
| | | | |
| | | | |
| | | | |
| | | | |
| | | | |
| | | | |
| | | | |

## 资产负债表

编制单位：　　　　　　　　　　年　月　日　　　　　　　　　　单位：

| 资产 | 行数 | 期末余额 | 期初余额 | 负债和所有者权益（或股东权益） | 行数 | 期末余额 | 期初余额 |
|---|---|---|---|---|---|---|---|
| 流动资产： | | | | 流动负债： | | | |
| 货币资金 | 1 | | | 短期借款 | 1 | | |
| 交易性金融资产 | 2 | | | 交易性金融负债 | 2 | | |
| 衍生金融资产 | 3 | | | 衍生金融负债 | 3 | | |
| 应收票据及应收账款 | 4 | | | 应付票据及应付账款 | 4 | | |
| 预付款项 | 5 | | | 预收款项 | 5 | | |
| 其他应收款 | 6 | | | 合同负债 | 6 | | |
| 存货 | 7 | | | 应付职工薪酬 | 7 | | |
| 合同资产 | 8 | | | 应交税费 | 8 | | |
| 持有待售资产 | 9 | | | 其他应付款 | 9 | | |
| 一年内到期的非流动资产 | 10 | | | 持有待售负债 | 10 | | |
| 其他流动资产 | 11 | | | 一年内到期的非流动负债 | 11 | | |
| 流动资产合计 | 12 | | | 其他流动负债 | 12 | | |
| 非流动资产： | | | | 流动负债合计 | 13 | | |
| 债权投资 | 13 | | | 非流动负债： | 14 | | |
| 其他债权投资 | 14 | | | 长期借款 | 15 | | |
| 长期应收款 | 15 | | | 应付债券 | 16 | | |
| 长期股权投资 | 16 | | | 其中：优先股 | 17 | | |
| 其他权益工具投资 | 17 | | | 永续债 | 18 | | |
| 其他非流动金融资产 | 18 | | | 长期应付款 | 19 | | |
| 投资性房地产 | 19 | | | 预计负债 | 20 | | |
| 固定资产 | 20 | | | 递延收益 | 21 | | |
| 在建工程 | 21 | | | 递延所得税负债 | 22 | | |
| 生产性生物资产 | 22 | | | 其他非流动负债 | 23 | | |

续表

| 资产 | 行数 | 期末余额 | 期初余额 | 负债和所有者权益（或股东权益） | 行数 | 期末余额 | 期初余额 |
|---|---|---|---|---|---|---|---|
| 油气资产 | 23 | | | 非流动负债合计 | 24 | | |
| 无形资产 | 24 | | | 负债合计 | 25 | | |
| 开发支出 | 25 | | | 所有者权益（或股东权益）： | | | |
| 商誉 | 26 | | | 实收资本（或股本） | 26 | | |
| 长期待摊费用 | 27 | | | 其他权益工具 | 27 | | |
| 递延所得税资产 | 28 | | | 其中：优先股 | 28 | | |
| 其他非流动资产 | 29 | | | 永续债 | 29 | | |
| 非流动资产合计 | 30 | | | 资本公积 | 30 | | |
| | | | | 减：库存股 | 31 | | |
| | | | | 其他综合收益 | 32 | | |
| | | | | 盈余公积 | 33 | | |
| | | | | 未分配利润 | 34 | | |
| | | | | 所有者权益合计 | 35 | | |
| 资产总计 | 31 | | | 负债和所有者权益（或股东权益）总计 | 36 | | |

## 利　润　表

编制单位：　　　　　　　　年　月　　　　　　　　单位：

| 项目 | 行次 | 本期金额 | 上期金额 |
|---|---|---|---|
| 一、营业收入 | 1 | | |
| 减：营业成本 | 2 | | |
| 税金及附加 | 3 | | |
| 销售费用 | 4 | | |
| 管理费用 | 5 | | |
| 研发费用 | 6 | | |
| 财务费用 | 7 | | |
| 其中：利息费用 | 8 | | |
| 利息收入 | 9 | | |
| 资产减值损失 | 10 | | |
| 信用减值损失 | 11 | | |
| 加：其他收益 | 12 | | |
| 投资收益（损失以“－”号填列） | 13 | | |
| 其中：对联营企业和合营企业的投资收益 | 14 | | |
| 净敞口套期收益（损失以“－”号填列） | 15 | | |
| 公允价值变动收益（损失以“－”号填列） | 16 | | |
| 资产处置收益（损失以“－”号填列） | 17 | | |
| 二、营业利润（亏损以“－”号填列） | 18 | | |
| 加：营业外收入 | 19 | | |
| 减：营业外支出 | 20 | | |
| 三、利润总额（亏损总额以“－”号填列） | 21 | | |
| 减：所得税费用 | 22 | | |
| 四、净利润（净亏损以“－”号填列） | 23 | | |
| （一）持续经营净利润（净亏损以“－”号填列） | 24 | | |
| （二）终止经营净利润（净亏损以“－”号填列） | 25 | | |
| 五、其他综合收益的税后净额 | 26 | | |
| （一）不能重分类进损益的其他综合收益 | | | |
| （以下略） | | | |
| （二）将重分类进损益的其他综合收益 | | | |
| （以下略） | | | |

第五部分

# 模拟企业有关经济业务（下册）

## 一、实训目的

通过实训练习，使学生掌握负债、所有者权益、收入、费用、利润等内容的会计核算，熟悉总账和各类明细账的登账及对账、结账过程，熟练掌握科目汇总表、资产负债表、利润表的编制方法。

## 二、实训要求

采用记账凭证账务处理程序：

1. 按照题目顺序，处理经济业务，根据有关经济业务填制原始凭证和记账凭证。
2. 根据记账凭证登记日记账、明细账和总账。
3. 编制试算平衡表。
4. 编制 2019 年 12 月 31 日企业资产负债表、2019 年 12 月企业利润表。

## 三、实训课时安排

共计 30 课时。

## 四、2019 年 12 月，企业有关业务原始凭证

1. 提现。

中国建设银行
转账支票存根　（陕）

$\frac{B}{0}\frac{B}{2}$　59112022

附加信息

出票日期　2019 年 12 月 1 日

| | |
|---|---|
| 收款人： | 西秦股份有限公司 |
| 金　额： | ¥ 8 000.00 |
| 用　途： | 备用 |

单位主管：李贺　　会计：李源

2. 购料，开出商业承兑汇票一张。

陕西增值税专用发票　　No. 51069223580

陕西省

开票日期：2019 年 12 月 2 日

| 购货单位 | 名　称：西秦股份有限公司<br>纳税人识别号：100002000001010900<br>地 址 、电 话：咸阳市 029－33696782<br>开户行及账号：建行西兰路分行 665674890 | 密码区 | | | | | |
|---|---|---|---|---|---|---|---|
| 货物或应税劳务的名称 | 规格型号 | 单位 | 数量 | 单价 | 金额 | 税率 | 税额 |
| 橡木板 | | 吨 | 30 | 3 200 | 96 000 | 16% | 15 360 |
| 合计 | | | | | ¥96 000.00 | | ¥15 360.00 |
| 价税合计（大写） | 人民币壹拾壹万壹仟叁佰陆拾元整 | | | | | | ¥111 360.00 |
| 销货单位 | 名　称：诚信材料厂<br>纳税人识别号：976450127469086<br>地 址 、电 话：陕西扶风县城 0917－5211089<br>开户行及账号：工行扶风县支行 876456780 | 备注 | | | | | |

第二联 发票联

收款人：张兵　　复核：李雪　　开票人：余力　　销货单位（章）：

## 商业承兑汇票　①

签发日期 2019 年 12 月 2 日　　　　第 93829 号

| | | | | | | | | |
|---|---|---|---|---|---|---|---|---|
| 付款人 | 全称 | 西秦股份有限公司 | | 收款人 | 全称 | 诚信材料厂 | | |
| | 账号 | 665674890 | | | 账号 | 876456780 | | |
| | 开户银行 | 建行西兰路分行 | 行号 7310 | | 开户银行 | 工行扶风县支行 | 行号 | 9807 |

| 汇票金额 | 人民币（大写）壹拾壹万壹仟叁佰陆拾元整 | 百 | 十 | 万 | 千 | 百 | 十 | 元 | 角 | 分 |
|---|---|---|---|---|---|---|---|---|---|---|
| | | ¥ | 1 | 1 | 1 | 3 | 6 | 0 | 0 | 0 |

| 汇票到期日 | 2020 年 2 月 2 日 | 交易合同号码 | 12350 |
|---|---|---|---|
| 本汇票请你承兑，并及时将承兑汇票交我单位。<br>此致<br>承兑人<br>付款人盖章<br>2019 年 12 月 2 日<br>负责 [illegible]　经办 吴亮<br>（印章：西秦股份有限公司 财务专用章） | | 备注： | |

## 收　料　单

2019 年 12 月 2 日　　　　编号：

| 材料编号 | 材料名称 | 规格 | 材质 | 单位 | 数量：发货票 | 数量：实收 | 材料金额 | 运杂费 | 实际单价 | 合计（实际成本） |
|---|---|---|---|---|---|---|---|---|---|---|
| 8 | 橡木板 | | | 吨 | 30 | 30 | 96 000 | | 3 200 | 96 000 |
| 供货单位 | 秦岭材料厂 | 结算办法 | 汇兑 | 合同号 | | | | | | |
| 备注 | | | | | | | | | | |

主管：李佳　　质量检验员：李青　　仓库验收：陈升　　经办人：张悦

3. 预收款方式销货，预收产品的定金。

## 中国建设银行进账单（收账通知） 1

2019 年 12 月 3 日　　　　第 005 号

| | | | | | | |
|---|---|---|---|---|---|---|
| 出票人 | 全称 | 宜然之家 | 收款人 | 全称 | 西秦股份有限公司 | |
| | 账号 | 040886504 | | 账号 | 665674890 | |
| | 开户银行 | 工行人民路办事处 | | 开户银行 | 建行西兰路分行 | 行号 7310 |

| 人民币（大写） | 千 | 百 | 十 | 万 | 千 | 百 | 十 | 元 | 角 | 分 |
|---|---|---|---|---|---|---|---|---|---|---|
| 捌万元整 | | | ¥ | 8 | 0 | 0 | 0 | 0 | 0 | 0 |

| | |
|---|---|
| 票据种类 | 转账支票 |
| 票据张数 | 1 |

单位主管 李贺　　会计 吴亮
复核 李源　　记账 刘悦

建行西兰路分行
2019.12.03
收讫
持票人开户行盖章

此联是持票人开户银行交给持票人的收账通知

4. 归还所欠货款。

## 中国建设银行电汇凭证（回单） 1

凭证号码　第 008501 号

委托日期 2019 年 12 月 4 日

| | | | | | | | | |
|---|---|---|---|---|---|---|---|---|
| 汇款人 | 全称 | 西秦股份有限公司 | | | 收款人 | 全称 | 秦岭材料厂 | |
| | 账号或地址 | 陕西咸阳 665674890 | | | | 账号或地址 | 陕西榆林 9372938237 | |
| | 汇出地点 | 陕西省咸阳市 | 汇出行名称 | 建行西兰路分行 | | 汇入地点 | 陕西省榆林市 | 汇入行名称 工行榆林市分行 |

| 金额 | 千 | 百 | 十 | 万 | 千 | 百 | 十 | 元 | 角 | 分 |
|---|---|---|---|---|---|---|---|---|---|---|
| 人民币（大写）伍万贰仟贰佰元整 | | | ¥ | 5 | 2 | 2 | 0 | 0 | 0 | 0 |

汇款用途：归还货款

上列款项已根据委托办理，如需查询，请持此回单来行面洽。

单位主管 李贺　会计 李源　出纳 张铭雨　记账 刘悦

建行西兰路分行
2019.12.04
付讫
汇出行盖章
2019 年 12 月 4 日

此联是汇出行给汇款人的回单

5. 支付到期的商业汇票。

## 中国建设银行信汇凭证（回单）　1

委托日期：2019 年 12 月 4 日　　第 1405 号

| | | | | | | | |
|---|---|---|---|---|---|---|---|
| 汇款人 | 全称 | 西秦股份有限公司 | | 收款人 | 全称 | 诚信材料厂 | |
| | 账号或地址 | 陕西咸阳 665674890 | | | 账号或地址 | 陕西扶风县 876456780 | |
| | 汇出地点 | 陕西省咸阳市 | 汇出行名称：建行西兰路分行 | | 汇入地点 | 陕西扶风县 | 汇入行名称：工行扶风县支行 |

| 金额 | 千 | 百 | 十 | 万 | 千 | 百 | 十 | 元 | 角 | 分 |
|---|---|---|---|---|---|---|---|---|---|---|
| 人民币（大写）伍万捌仟伍佰元整 | | | ¥ | 5 | 8 | 5 | 0 | 0 | 0 | 0 |

汇款用途：付购料款

上列款项已根据委托办理，如需查询，请持此回单来行面洽。

建行西兰路分行 2019.12.04 付讫

汇出行盖章　年　月　日

单位主管　李贺　会计　李源　出纳　张铭雨　记账　刘悦

此联是汇出行给汇款人的回单

6. 预收款方式销货，确认收入并进行款项结算。

## 陕西增值税专用发票

No. 51000910007

全国统一发票监制章 陕西省 国家税务局监制

开票日期：2019 年 12 月 7 日

| | | |
|---|---|---|
| 购货单位 | 名　称：宜然之家<br>纳税人识别号：93874890127<br>地 址 、电 话：陕西咸阳 029 - 33907483<br>开户行及账号：工行人民路办事处 040886504 | 密码区 |

| 货物或应税劳务的名称 | 规格型号 | 单位 | 数量 | 单价 | 金额 | 税率 | 税额 |
|---|---|---|---|---|---|---|---|
| 衣柜 | | 台 | 6 | 24 000 | 144 000 | 16% | 23 040 |
| 合计 | | | | | ¥144 000. 00 | | ¥23 040. 00 |
| 价税合计（大写） | 人民币壹拾陆万柒仟零肆拾元整 | | | | | | ¥167 040. 00 |

| | | |
|---|---|---|
| 销货单位 | 名　称：西秦股份有限公司<br>纳税人识别号：100002000010109<br>地 址 、电 话：陕西咸阳 029 - 33696782<br>开户行及账号：建行西兰路分行 665674890 | 备注：西秦股份有限公司 财务专用章 |

第三联　记账联

收款人：张铭雨　　复核：李源　　开票人：吴亮　　销货单位（章）：

## 中国建设银行进账单（收账通知）　1

2019年12月7日　　　　第013号

| | | | | | | | |
|---|---|---|---|---|---|---|---|
| 出票人 | 全称 | 宜然之家 | 收款人 | 全称 | 西秦股份有限公司 | | |
| | 账号 | 040886504 | | 账号 | 665674890 | | |
| | 开户银行 | 工行人民路办事处 | | 开户银行 | 建行西兰路分行 | 行号 | 7310 |

| 人民币（大写） | 千 | 百 | 十 | 万 | 千 | 百 | 十 | 元 | 角 | 分 |
|---|---|---|---|---|---|---|---|---|---|---|
| 捌万柒仟零肆拾元整 | | | ¥ | 8 | 7 | 0 | 4 | 0 | 0 | 0 |

| | |
|---|---|
| 票据种类 | 转账支票 |
| 票据张数 | 1 |

单位主管　李贺　　会计　吴亮
复核　李源　　记账　刘悦

建行西兰路分行 2019.12.07 收讫

持票人开户行盖章

此联是收款人开户银行交给收款人的收账通知

7. 将上月取得的大明家居市场开出的商业承兑汇票向银行贴现，月贴现率5‰。

## 中国建设银行贴现凭证（收账通知）　4

申请日期2019年12月7日　　　　No. 201912098

| | | | | | | | |
|---|---|---|---|---|---|---|---|
| 持票人 | 全称 | 西秦股份有限公司 | 贴现汇票 | 种类 | 商业承兑汇票 | 号码 | Sycd 9389 |
| | 账号 | 665674890 | | 出票日 | 2019年10月7日 | | |
| | 开户银行 | 建行西兰路支行 | | 到期日 | 2020年1月7日 | | |

| 汇票承兑人（或银行） | 名称 | 大明家居市场 | 账号 | 839287390 | 开户银行 | 工行大学南路支行 |
|---|---|---|---|---|---|---|

| 汇票金额（即贴现金额） | 人民币（大写）：玖万贰仟捌佰元整 | 千 | 百 | 十 | 万 | 千 | 百 | 十 | 元 | 角 | 分 |
|---|---|---|---|---|---|---|---|---|---|---|---|
| | | | | ¥ | 9 | 2 | 8 | 0 | 0 | 0 | 0 |

| 贴现率每月 | 5‰ | 贴现利息 | 千 | 百 | 十 | 万 | 千 | 百 | 十 | 元 | 角 | 分 |
|---|---|---|---|---|---|---|---|---|---|---|---|---|
| | | | | | | | ¥ | 4 | 6 | 4 | 0 | 0 |

| 实付贴现金额 | 千 | 百 | 十 | 万 | 千 | 百 | 十 | 元 | 角 | 分 |
|---|---|---|---|---|---|---|---|---|---|---|
| | | | ¥ | 9 | 2 | 3 | 3 | 6 | 0 | 0 |

上述款项以入你单位账户
此致

建行西兰路支行 2019.12.7 收讫

银行盖章
2019年12月7日

备注：

此联是银行该给贴现申请人的收账通知

8. 支付上月职工工资。

中国建设银行
转账支票存根　（陕）

$\frac{B}{0}\frac{B}{2}$ 59012023

附加信息

出票日期　2019年12月8日

| | |
|---|---|
| 收款人： | 西秦股份有限公司 |
| 金　额： | ￥446 501.00 |
| 用　途： | 支付职工工资 |

单位主管：李贺　　会计：李源

## 西秦股份有限公司工资结算汇总表

2019 年 11 月 30 日

单位：元

| 类型 | | 职工人数 | 基本工资 | 津贴和补贴 | | 加班工资 | 应扣工资 | | 应付工资 | 代扣款项 | | | | | | | 实发金额 |
|---|---|---|---|---|---|---|---|---|---|---|---|---|---|---|---|---|---|
| 部门 | 类别 | | | 物价补贴 | 夜班津贴 | | 病假 | 事假 | | 养老金 8% | 失业金 1% | 医疗保险 2% | 住房公积金 5% | 水电费 | 个人所得税 | 小计 | |
| 加工一车间 | 生产工人 | 20 | 37 750.00 | 4 400.00 | 1 700.00 | 1 486.00 | 0.00 | 0.00 | 43 636.00 | 3 490.88 | 436.36 | 872.72 | 2 181.80 | 200.00 | 0.00 | 7 181.76 | 36 454.24 |
| | 管理人员 | 13 | 28 310.00 | 2 520.00 | 0.00 | 2 435.00 | 200.00 | 100.00 | 32 965.00 | 2 637.20 | 329.65 | 659.30 | 1 648.25 | 288.00 | 0.00 | 5 562.40 | 27 402.60 |
| 加工二车间 | 生产工人 | 86 | 138 490.00 | 18 920.00 | 3 560.00 | 684.14 | 0.00 | 0.00 | 158 094.14 | 12 647.53 | 1 580.94 | 3 161.88 | 7 904.71 | 289.00 | 0.00 | 25 584.06 | 132 510.08 |
| | 管理人员 | 4 | 9 012.00 | 880.00 | 0.00 | 202.30 | 0.00 | 0.00 | 10 094.30 | 807.54 | 100.94 | 201.89 | 504.72 | 290.00 | 0.00 | 1 905.09 | 8 189.21 |
| 切割车间 | 生产工人 | 18 | 28 920.00 | 3 960.00 | 1 100.00 | 0.00 | 0.00 | 0.00 | 32 880.00 | 2 630.40 | 328.80 | 657.60 | 1 644.00 | 291.00 | 260.00 | 5 811.80 | 27 068.20 |
| | 管理人员 | 2 | 4 400.00 | 440.00 | 0.00 | 0.00 | 0.00 | 0.00 | 4 840.00 | 387.20 | 48.40 | 96.80 | 242.00 | 292.00 | 0.00 | 1 066.40 | 3 773.60 |
| 装配车间 | 生产工人 | 29 | 40 200.00 | 6 380.00 | 1 350.00 | 513.00 | 76.97 | 0.00 | 47 016.03 | 3 761.28 | 470.16 | 940.32 | 2 350.80 | 293.00 | 0.00 | 7 815.56 | 39 200.47 |
| | 管理人员 | 3 | 5 910.00 | 660.00 | 0.00 | 0.00 | 0.00 | 0.00 | 6 570.00 | 525.60 | 65.70 | 131.40 | 328.50 | 294.00 | 0.00 | 1 345.20 | 5 224.80 |
| 行政管理人员 | | 66 | 130 900.00 | 14 520.00 | 0.00 | 0.00 | 0.00 | 0.00 | 145 420.00 | 11 633.60 | 1 454.20 | 2 908.40 | 7 271.00 | 295.00 | 0.00 | 23 562.20 | 121 857.80 |
| 销售人员 | | 20 | 52 000.00 | 4 400.00 | 12 000.00 | 0.00 | 0.00 | 0.00 | 56 400.00 | 4 512.00 | 564.00 | 1 128.00 | 2 820.00 | 296.00 | 2 260.00 | 11 580.00 | 44 820.00 |
| 合计 | | 261 | 475 892.00 | 57 080.00 | 19 710.00 | 5 320.44 | 276.97 | 100.00 | 537 915.47 | 43 033.23 | 5 379.15 | 10 758.31 | 26 895.78 | 2 828.00 | 2 520.00 | 91 414.47 | 446 501.00 |

劳动人事部工资主管审核签字：王亮　　部门主管：李军　　工资核算员：王岚　　复核：李源　编报日期：2019 年 11 月 30 日

9. 2019 年 12 月 8 日，支付上月社会保险费、住房公积金、工会经费（企业、个人负担部分均通过“应付职工薪酬”核算）。

**西秦股份有限公司计提职工福利费、工会经费、职工教育经费、社会保险费计提计算表**

2019 年 11 月 30 日

单位：元

| 人员类别 | 基数 | 职工福利费（14%） | 社会保险 | | | | | | 住房公积金（10%） | 工会经费（2%） | 职工教育费（2.5%） | 合计 |
|---|---|---|---|---|---|---|---|---|---|---|---|---|
| | | | 养老保险费（20%） | 失业保险费（2%） | 医疗保险费（6%） | 生育保险费（1%） | 工伤保险费（1%） | 小计 | | | | |
| 生产成本 | | | | | | | | | | | | |
| 衣柜 | 43 636.00 | 6 109.04 | 8 727.20 | 872.72 | 2 618.16 | 436.36 | 436.36 | 13 090.80 | 4 363.60 | 872.72 | 1 090.90 | 25 527.06 |
| 书柜 | 158 094.14 | 22 133.18 | 31 618.83 | 3 161.88 | 9 485.65 | 1 580.94 | 1 580.94 | 47 428.24 | 15 809.41 | 3 161.88 | 3 952.35 | 92 485.06 |
| 制造费用 | | | | | | | | | | | | 0.00 |
| 加工一车间 | 32 965.00 | 4 615.10 | 6 593.00 | 659.30 | 1 977.90 | 329.65 | 329.65 | 9 889.50 | 3 296.50 | 659.30 | 824.13 | 19 284.53 |
| 加工二车间 | 10 094.30 | 1 413.20 | 2 018.86 | 201.89 | 605.66 | 100.94 | 100.94 | 3 028.29 | 1 009.43 | 201.89 | 252.36 | 5 905.17 |
| 切割车间 | 37 720.00 | 5 280.80 | 7 544.00 | 754.40 | 2 263.20 | 377.20 | 377.20 | 11 316.00 | 3 772.00 | 754.40 | 943.00 | 22 066.20 |
| 装配车间 | 53 586.03 | 7 502.04 | 10 717.21 | 1 071.72 | 3 215.16 | 535.86 | 535.86 | 16 075.81 | 5 358.60 | 1 071.72 | 1 339.65 | 31 347.82 |
| 管理费用 | 145 420.00 | 20 358.80 | 29 084.00 | 2 908.40 | 8 725.20 | 1 454.20 | 1 454.20 | 43 626.00 | 14 542.00 | 2 908.40 | 3 635.50 | 85 070.70 |
| 销售费用 | 56 400.00 | 7 896.00 | 11 280.00 | 1 128.00 | 3 384.00 | 564.00 | 564.00 | 16 920.00 | 5 640.00 | 1 128.00 | 1 410.00 | 32 994.00 |
| 合计 | 537 915.47 | 75 308.16 | 107 583.10 | 10 758.31 | 32 274.93 | 5 379.15 | 5 379.15 | 161 374.64 | 53 791.54 | 10 758.31 | 13 447.89 | 314 680.54 |

工资核算员：王岚　　　　复核：李源　　　　编报日期：2019 年 11 月 30 日

注：本表供学生熟悉应付职工薪酬组成来源的项目，如：养老保险是由企业和职工共同承担费用。

以下七张完税凭证作为缴纳社会保险费、住房公积金、工会经费的原始凭证。

# 中华人民共和国
# 税收通用缴款书

隶属关系：市属企业　　　　　　　　　　　　　　　　陕西省税务局缴电 1026203 号
注册类型：有限责任公司　　　填发日期：2019 年 12 月 8 日　　　征收机关：咸阳市税务分局

| | | | | | |
|---|---|---|---|---|---|
| 缴款单位（人） 代码 | 916101100200300 | | 预算科目 编码 | | |
| 全称 | 西秦股份有限公司 | | 名称 | 咸阳市税务分局社保基金临时专户 | |
| 开户银行 | 建行西兰路分行 | | 级次 | 咸阳市养老保险经办处 | |
| 账号 | 665674890 | | 收缴国库 | 建行钟楼行 | |
| 税款所属时期 2019 年 11 月 1 日至 11 月 30 日 | | | 税款限缴日期 2019 年 12 月 20 日 | | |
| 品目名称 | 课税数量 | 计税金额或销售收入 | 税率或单位税额 | 已缴或扣除额 | 实缴金额 |
| 费用名称 | 人数 | 缴费基数 | 缴费率 | 抵扣额 | 实缴金额 |
| 单位养老保险费 | 261 | 537 915. 47 | 20% | 0 | 107 583. 10 |
| 个人养老保险费 | 261 | 537 915. 47 | 8% | 0 | 43 033. 23 |
| 金额合计 | （大写）人民币壹拾伍万零陆佰壹拾陆元叁角叁分 | | | | ¥ 150 616. 33 |
| 缴款单位（人）<br>（盖章） | 税务机关<br>（盖章）<br>咸阳市税务分局 征税专用章 | 上列款项已收妥并划转收款单位账户 | 备注 | 开票人：张双双<br>专管员：李密<br>缴费人管理代码：200300 | |
| 经办人（章） | 填票人（章） | 国库（银行）盖章 2019 年 12 月 8 日 | | 社保编码：372819 | |

逾期不缴按税法规定加收滞纳金

无银行收讫章无效

第一联（收据）国库（银行）收款盖章后退缴款单位（人）作完税凭证

# 中华人民共和国
# 税收通用缴款书

隶属关系：市属企业　　　　　　　　　　　　　　陕西省税务局缴电 1026204 号

注册类型：有限责任公司　　填发日期：2019 年 12 月 8 日　　征收机关：咸阳市税务分局

| | | | | | |
|---|---|---|---|---|---|
| 缴款单位（人） | 代码 | 916101100200300 | 预算科目 | 编码 | |
| | 全称 | 西秦股份有限公司 | | 名称 | 咸阳市税务分局社保基金临时专户 |
| | 开户银行 | 建行西兰路分行 | | 级次 | 咸阳市失业保险经办处 |
| | 账号 | 665674890 | 收缴国库 | | 建行钟楼行 |

税款所属时期 2019 年 11 月 1 日至 11 月 30 日　　税款限缴日期 2019 年 12 月 20 日

| 品目名称 | 课税数量 | 计税金额或销售收入 | 税率或单位税额 | 已缴或扣除额 | 实缴金额 |
|---|---|---|---|---|---|
| 费用名称 | 人数 | 缴费基数 | 缴费率 | 抵扣额 | 实缴金额 |
| 单位失业保险费 | 261 | 537 915. 47 | 2% | 0 | 10 758. 31 |
| 个人失业保险费 | 261 | 537 915. 47 | 1% | 0 | 5 379. 15 |
| 金额合计 | （大写）人民币壹万陆仟壹佰叁拾柒元肆角陆分 | | | | ￥16 137. 46 |

| | | | | |
|---|---|---|---|---|
| 缴款单位（人） | 税务机关 | 上列款项已收妥并划转收款单位账户 | 备注 | 开票人：张双双 |
| （盖章） | （盖章）咸阳市税务分局 征税专用章 | | | 专管员：李密 |
| | | | | 缴费人管理代码：200300 |
| 经办人（章） | 填票人（章） | 国库（银行）盖章 2019 年 12 月 8 日 | | 社保编码：372819 |

逾期不缴按税法规定加收滞纳金

无银行收讫章无效

第一联（收据）国库（银行）收款盖章后退缴款单位（人）作完税凭证

# 中华人民共和国
# 税收通用缴款书

隶属关系：市属企业　　　　　　　　　　　　　　　　陕西省税务局缴电 1026205 号
注册类型：有限责任公司　　填发日期：2019 年 12 月 8 日　　征收机关：咸阳市税务分局

| | | | | | |
|---|---|---|---|---|---|
| 缴款单位（人） | 代码 | 916101100200300 | 预算科目 | 编码 | |
| | 全称 | 西秦股份有限公司 | | 名称 | 咸阳市税务分局社保基金临时专户 |
| | 开户银行 | 建行西兰路分行 | | 级次 | 咸阳市医疗保险经办处 |
| | 账号 | 665674890 | 收缴国库 | | 建行钟楼行 |
| 税款所属时期 2019 年 11 月 1 日至 11 月 30 日 | | | 税款限缴日期 2019 年 12 月 20 日 | | |

| 品目名称 | 课税数量 | 计税金额或销售收入 | 税率或单位税额 | 已缴或扣除额 | 实缴金额 |
|---|---|---|---|---|---|
| 费用名称 | 人数 | 缴费基数 | 缴费率 | 抵扣额 | 实缴金额 |
| 单位医疗保险费 | 261 | 537 915. 47 | 6% | 0 | 32 274. 93 |
| 个人医疗保险费 | 261 | 537 915. 47 | 2% | 0 | 10 758. 31 |
| 金额合计 | （大写）人民币肆万叁仟零叁拾叁元贰角肆分 | | | | ¥43 033. 24 |

| | | | | |
|---|---|---|---|---|
| 缴款单位（人） | 税务机关 | 上列款项已收妥并划转收款单位账户 | 备注 | 开票人：张双双 |
| （盖章） | （盖章） | | | 专管员：李密 |
| | | | | 缴费人管理代码：200300 |
| 经办人（章） | 填票人（章） | 国库（银行）盖章 2019 年 12 月 8 日 | | 社保编码：372819 |

（印章：咸阳市税务分局 征税专用章）

逾期不缴按税法规定加收滞纳金

无银行收讫章无效

第一联（收据）国库（银行）收款盖章后退缴款单位（人）作完税凭证

# 中华人民共和国
# 税收通用缴款书

隶属关系：市属企业　　　　　　　　　　　　　　　　　　　　陕西省税务局缴电 1026206 号
注册类型：有限责任公司　　　　填发日期：2019 年 12 月 8 日　　　　征收机关：咸阳市税务分局

| | | | | | |
|---|---|---|---|---|---|
| 缴款单位（人） | 代码 | 916101100200300 | 预算科目 | 编码 | |
| | 全称 | 西秦股份有限公司 | | 名称 | 咸阳市税务分局社保基金临时专户 |
| | 开户银行 | 建行西兰路分行 | | 级次 | 咸阳市生育保险经办处 |
| | 账号 | 665674890 | 收缴国库 | | 建行钟楼行 |
| 税款所属时期 2019 年 11 月 1 日至 11 月 30 日 | | | 税款限缴日期 2019 年 12 月 20 日 | | |

| 品目名称 | 课税数量 | 计税金额或销售收入 | 税率或单位税额 | 已缴或扣除额 | 实缴金额 |
|---|---|---|---|---|---|
| 费用名称 | 人数 | 缴费基数 | 缴费率 | 抵扣额 | 实缴金额 |
| 单位生育保险费 | 261 | 537 915. 47 | 1% | 0 | 5 379. 15 |
| | | | | | |
| 金额合计 | （大写）人民币伍仟叁佰柒拾玖元壹角伍分 | | | | ¥5 379. 15 |

| | | | | |
|---|---|---|---|---|
| 缴款单位（人） | 税务机关 | 上列款项已收妥并划转收款单位账户 | 备注 | 开票人：张双双 |
| （盖章） | （盖章） | | | 专管员：李密 |
| | | | | 缴费人管理代码：200300 |
| 经办人（章） | 填票人（章） | 国库（银行）盖章 2019 年 12 月 8 日 | | 社保编码：372819 |

咸阳市税务分局 征税专用章

无银行收讫章无效

第一联（收据）国库（银行）收款盖章后退缴款单位（人）作完税凭证

逾期不缴按税法规定加收滞纳金

# 中华人民共和国
# 税收通用缴款书

隶属关系：市属企业　　　　　　　　　　　　　　　　　　陕西省税务局缴电 1026207 号
注册类型：有限责任公司　　　　填发日期：2019 年 12 月 8 日　　　　征收机关：咸阳市税务分局

| | | | | | |
|---|---|---|---|---|---|
| 缴款单位（人） | 代码 | 916101100200300 | 预算科目 | 编码 | |
| | 全称 | 西秦股份有限公司 | | 名称 | 咸阳市税务分局社保基金临时专户 |
| | 开户银行 | 建行西兰路分行 | | 级次 | 咸阳市工伤保险经办处 |
| | 账号 | 665674890 | 收缴国库 | | 建行钟楼行 |
| 税款所属时期 2019 年 11 月 1 日至 11 月 30 日 | | | 税款限缴日期 2019 年 12 月 20 日 | | |

| 品目名称 | 课税数量 | 计税金额或销售收入 | 税率或单位税额 | 已缴或扣除额 | 实缴金额 |
|---|---|---|---|---|---|
| 费用名称 | 人数 | 缴费基数 | 缴费率 | 抵扣额 | 实缴金额 |
| 单位工伤保险费 | 261 | 537 915. 47 | 1% | 0 | 5 379. 15 |
| | | | | | |
| 金额合计 | （大写）人民币伍仟叁佰柒拾玖元壹角伍分 | | | | ￥5 379. 15 |

| | | | | |
|---|---|---|---|---|
| 缴款单位（人） | 税务机关 | 上列款项已收妥并划转收款单位账户 | 备注 | 开票人：张双双 |
| （盖章） | （盖章）咸阳市税务分局 征税专用章 | | | 专管员：李密 |
| | | | | 缴费人管理代码：200300 |
| 经办人（章） | 填票人（章） | 国库（银行）盖章 2019 年 12 月 8 日 | | 社保编码：372819 |

逾期不缴按税法规定加收滞纳金

无银行收讫章无效

第一联（收据）国库（银行）收款盖章后退缴款单位（人）作完税凭证

# 中华人民共和国
# 税收通用缴款书

隶属关系：市属企业　　　　　　　　　　　　　　　　陕西省税务局缴电 1026208 号

注册类型：有限责任公司　　　填发日期：2019 年 12 月 8 日　　　征收机关：咸阳市税务分局

| | | | | | |
|---|---|---|---|---|---|
| 缴款单位（人） | 代码 | 916101100200300 | 预算科目 | 编码 | |
| | 全称 | 西秦股份有限公司 | | 名称 | 咸阳市税务分局住房公积金临时专户 |
| | 开户银行 | 建行西兰路分行 | | 级次 | 咸阳市住房公积金经办处 |
| | 账号 | 665674890 | 收缴国库 | | 建行钟楼行 |
| 税款所属时期 2019 年 11 月 1 日至 11 月 30 日 | | | 税款限缴日期 2019 年 12 月 20 日 | | |

| 品目名称 | 课税数量 | 计税金额或销售收入 | 税率或单位税额 | 已缴或扣除额 | 实缴金额 |
|---|---|---|---|---|---|
| 费用名称 | 人数 | 缴费基数 | 缴费率 | 抵扣额 | 实缴金额 |
| 单位住房公积金 | 261 | 537 915.47 | 10% | 0 | 53 791.54 |
| 个人住房公积金 | 261 | 537 915.47 | 5% | 0 | 26 895.78 |
| 金额合计 | （大写）人民币捌万零陆佰捌拾柒元叁角贰分 | | | | ¥80 687.32 |

| | | | | |
|---|---|---|---|---|
| 缴款单位（人） | 税务机关 | 上列款项已收妥并划转收款单位账户 | 备注 | 开票人：张双双 |
| （盖章） | （盖章）咸阳市税务分局 征税专用章 | | | 专管员：李密 |
| | | | | 缴费人管理代码：200300 |
| 经办人（章） | 填票人（章） | 国库（银行）盖章 2019 年 12 月 8 日 | | 社保编码：372819 |

逾期不缴按税法规定加收滞纳金

无银行收讫章无效

第一联（收据）国库（银行）收款盖章后退缴款单位（人）作完税凭证

# 中华人民共和国
# 税收通用缴款书

隶属关系：市属企业　　　　　　　　　　　　　　　　陕西省税务局缴电 1026209 号
注册类型：有限责任公司　　填发日期：2019 年 12 月 8 日　　征收机关：咸阳市税务分局

| | | | | | |
|---|---|---|---|---|---|
| 缴款单位（人） | 代码 | 916101100200300 | 预算科目 | 编码 | |
| | 全称 | 西秦股份有限公司 | | 名称 | 咸阳市税务分局社保基金临时专户 |
| | 开户银行 | 建行西兰路分行 | | 级次 | 咸阳市工会经办经办处 |
| | 账号 | 665674890 | 收缴国库 | | 建行钟楼行 |
| 税款所属时期 2019 年 11 月 1 日至 11 月 30 日 | | | 税款限缴日期 2019 年 12 月 20 日 | | |

| 品目名称 | 课税数量 | 计税金额或销售收入 | 税率或单位税额 | 已缴或扣除额 | 实缴金额 |
|---|---|---|---|---|---|
| 费用名称 | 人数 | 缴费基数 | 缴费率 | 抵扣额 | 实缴金额 |
| 单位工会经费 | 261 | 537 915.47 | 0.8% | 0 | 4 303.32 |
| | | | | | |
| 金额合计 | （大写）人民币肆仟叁佰零叁元叁角贰分 | | | | ¥4 303.32 |

| | | | | |
|---|---|---|---|---|
| 缴款单位（人）<br>（盖章）<br>经办人（章） | 税务机关<br>（盖章）<br>填票人（章） | 上列款项已收妥并划转收款单位账户<br>国库（银行）盖章 2019 年 12 月 8 日 | 备注 | 开票人：张双双<br>专管员：李密<br>缴费人管理代码：200300<br>社保编码：372819 |

（印章：咸阳市税务分局 征税专用章）

无银行收讫章无效

第一联（收据）国库（银行）收款盖章后退缴款单位（人）作完税凭证

逾期不缴按税法规定加收滞纳金

注：工会经费按提取的工会经费总额 40% 上缴市工会，即：工资总额 ×2% ×40% = 工资总额 ×0.8%。

10. 支付职工食堂补贴 5 万元。

中国建设银行
转账支票存根　（陕）

$\frac{B}{0}\frac{B}{2}$ 59012035

附加信息

出票日期 2019 年 12 月 10 日

| | |
|---|---|
| 收款人： | 西秦股份有限公司职工食堂 |
| 金　额： | ¥50 000.00 |
| 用　途： | 食堂补助 |

单位主管：李贺　　会计：李源

## 陕西省西秦股份有限公司职工食堂

## 收款收据

2019 年 12 月 10 日

| | | |
|---|---|---|
| 交款单位（人） | 西秦股份有限公司 | |
| 摘　　要 | 食堂补助 | |
| 金　　额 | 人民币伍万元整 | ¥50 000.00 |

财务主管：张梅　　收款人：马杰　　经手人：李强

11. 开出现金支票提取现金 1.6 万元，支付职工生活困难补助。

职工生活困难补助通知

财务部：

经工会研究决定，对李玉华等人生活困难予以补助，补助名单附后，特此通知。

西秦股份有限公司工会

2019 年 12 月 10 日

**困难补助明细表**

| 姓名 | 金额 | 领款人 | 姓名 | 金额 | 领款人 |
|---|---|---|---|---|---|
| 李玉华 | 2 500 | 李玉华 | 田小宝 | 3 000 | 田小宝 |
| 张强 | 2 800 | 张强 | 李宏 | 2 500 | 李宏 |
| 王强 | 2 300 | 王强 | 张丽丽 | 2 900 | 张丽丽 |

中国建设银行
现金支票存根　（陕）

$\frac{B}{0}\frac{B}{2}$ 59012024

附加信息

出票日期　2019 年 12 月 10 日

| | |
|---|---|
| 收款人： | 西秦股份有限公司 |
| 金　额： | ¥16 000.00 |
| 用　途： | 职工困难补助 |

单位主管：李贺　　会计：李源

12. 2019 年 12 月 10 日，接受投资的固定资产（投资协议省略，假定合同协议价和评估价相等并且都是公允的）。

## 投入固定资产验收单

2019 年 12 月 10 日

单位：元
编号：004

| 固定资产名称 | 规格及型号 | 单位 | 数量 | 预计使用年限 | 尚可使用年限 | 投出单位账面价值 | | | 评估净值 | 备注 |
|---|---|---|---|---|---|---|---|---|---|---|
| | | | | | | 原值 | 已提折旧 | 净值 | | |
| 组装机 | | 台 | 1 | 7 | 5 | 280 000 | 60 000 | 220 000 | 200 000 | |
| 投资人 | 海河机床厂 | | | | | | | | | |

设备科：　　负责人：刘军　　经办人：赵文

13. 销售商品，货款未收。

**委邮**

## 委托收款凭证（回单）　5

委托号码：000376

委托日期 2019 年 12 月 11 日

| | | | | | | | |
|---|---|---|---|---|---|---|---|
| 付款人 | 全称 | 大明家居市场 | 收款人 | 全称 | 西秦股份有限公司 | | |
| | 账号或地址 | 河南洛阳 839287390 | | 账号或地址 | 陕西咸阳 665674890 | | |
| | 开户银行 | 工行大学南路支行 | | 开户银行 | 建行西兰路分行 | 行号 | 7310 |
| 委收金额 | 人民币（大写）壹拾捌万伍仟陆佰元整 | | | | 千百十万千百十元角分 | | ¥18560000 |
| 附件 | | 商品发运情况 | | 合同名称号码 | | | |
| 附寄单证张数或册数 | 4 | 已发运 | | 购货合同 12316 | | | |
| 备注：电划 | | 款项收妥日期　年　月　日 | | 收款人开户银行盖章　12 月 11 日 | | | |

单位主管：李贺　　会计：吴亮　　复核：李源　　记账：刘悦

此联是收款人开户银行接受委托后给收款单位的回单

## 陕西增值税专用发票

陕西省

（印章：全国统一发票监制章　国家税务局监制）

No. 51009382790

开票日期：2019 年 12 月 11 日

| | | | | | | | |
|---|---|---|---|---|---|---|---|
| 购货单位 | 名　　称：大明家居市场<br>纳税人识别号：837402984736280<br>地 址 、电 话：河南洛阳 0379－36270193<br>开户行及账号：工行大学南路支行 839287390 | | | 密码区 | | | |
| 货物或应税劳务的名称 | 规格型号 | 单位 | 数量 | 单价 | 金额 | 税率 | 税额 |
| 书柜 | | 组 | 8 | 20 000 | 160 000 | 16% | 25 600 |
| 合计 | | | | | ¥160 000.00 | | ¥25 600.00 |
| 价税合计（大写） | 人民币壹拾捌万伍仟陆佰元整 | | | | | | ¥185 600.00 |
| 销货单位 | 名　　称：西秦股份有限公司<br>纳税人识别号：10000200001010900<br>地 址 、电 话：陕西咸阳 029－33696782<br>开户行及账号：建行西兰路分行 665674890 | | | 备注 | （印章：西秦股份有限公司 财务专用章） | | |

收款人：张铭雨　　复核：李源　　开票人：吴亮　　销货单位（章）：

第二联　记账联

14. 销售产品。

## 中国建设银行进账单（收账通知） 1

2019年12月12日 第024号

| | | | | | | | |
|---|---|---|---|---|---|---|---|
| 出票人 | 全称 | 三林家居市场 | 收款人 | 全称 | 西秦股份有限公司 | | |
| | 账号 | 48775469837 | | 账号 | 665674890 | | |
| | 开户银行 | 工行文林路分行 | | 开户银行 | 建行西兰路分行 | 行号 | 7310 |

| 人民币（大写） | 千 | 百 | 十 | 万 | 千 | 百 | 十 | 元 | 角 | 分 |
|---|---|---|---|---|---|---|---|---|---|---|
| 伍万伍仟陆佰捌拾元整 | | | ¥ | 5 | 5 | 6 | 8 | 0 | 0 | 0 |

| | |
|---|---|
| 票据种类 | 转账支票、发票 |
| 票据张数 | 2 |

单位主管 李贺　会计 吴亮

复核 李源　记账 刘悦

建行西兰路分行 2019.12.12 收款人开户行盖章 收讫

此联是收款人开户银行交给收款人的收账通知

## 陕西增值税专用发票

No. 51094802938

全国统一发票监制章 陕西省 国家税务局监制

开票日期：2019年12月12日

| | | | |
|---|---|---|---|
| 购货单位 | 名称：三林家居市场<br>纳税人识别号：37939203774<br>地址、电话：陕西咸阳 029－88664321<br>开户行及账号：工行文林路分行 48775469837 | 密码区 | |

| 货物或应税劳务的名称 | 规格型号 | 单位 | 数量 | 单价 | 金额 | 税率 | 税额 |
|---|---|---|---|---|---|---|---|
| 衣柜 | | 组 | 2 | 24 000 | 48 000.00 | 16% | 7 680 |
| 合计 | | | | | ¥48 000.00 | | ¥7 680.00 |
| 价税合计（大写） | 人民币伍万伍仟陆佰捌拾元整 | | | | | | ¥55 680.00 |

| | | | |
|---|---|---|---|
| 销货单位 | 名称：西秦股份有限公司<br>纳税人识别号：10000200001010900<br>地址、电话：陕西咸阳 029－33696782<br>开户行及账号：建行西兰路分行 665674890 | 备注 | 西秦股份有限公司 财务专用章 |

收款人：张铭雨　复核：李源　开票人：吴亮　销货单位（章）：

第二联 记账联

15. 销售材料一批。

## 陕西增值税专用发票

No. 51000910018

开票日期：2019年12月12日

| | | | | | | | |
|---|---|---|---|---|---|---|---|
| 购货单位 | 名称：临潼家具制造厂<br>纳税人识别号：837290382901<br>地址、电话：陕西临潼 029－83792073<br>开户行及账号：农行金花路办事处 09382792 | | | 密码区 | | | |
| 货物或应税劳务的名称 | 规格型号 | 单位 | 数量 | 单价 | 金额 | 税率 | 税额 |
| 油漆 | | 公斤 | 50 | 60 | 3 000 | 16% | 480 |
| 合计 | | | | | ¥ 3 000.00 | | ¥480.00 |
| 价税合计（大写） | 人民币叁仟肆佰捌拾元整 | | | | | | ¥3 480.00 |
| 销货单位 | 名称：西秦股份有限公司<br>纳税人识别号：10000200001010900<br>地址、电话：陕西咸阳 029－33696782<br>开户行及账号：建行西兰路分行 665674890 | | | | 备注 | 西秦股份有限公司 财务专用章 | |

第三联 记账联

收款人：张铭雨　　复核：李源　　开票人：吴亮　　销货单位（章）：

## 中国建设银行信汇凭证（收账通知或取款收据） 4

第1509号

汇款人编号：　　委托日期：2019年12月12日　　应解汇款解号

| | | | | | | | | |
|---|---|---|---|---|---|---|---|---|
| 汇款人 | 全称 | 临潼家具制造厂 | | 收款人 | 全称 | 西秦股份有限公司 | | |
| | 账号或地址 | 陕西临潼 09382792 | | | 账号或地址 | 陕西咸阳 665674890 | | |
| | 汇出地点 | 陕西省西安市 | 汇出行名称：农行金花路办事处 | | 汇入地点 | 陕西省咸阳市 | 汇入行名称：建行西兰路分行 | |
| 金额 | 人民币（大写）叁仟肆佰捌拾元整 | | | | | 千百十万千百十元角分 | ¥348000 | |
| 汇款用途：货款 | | | | | | 留行待取预留收款人印鉴 | | |
| 上列款项已代进账，如有错误，请持此联来行面洽<br>建行西兰路分行 2019.12.12 收讫<br>（汇入行盖章）<br>2019年12月12日 | | | 上列款项已照收无误<br>西秦股份有限公司 财务专用章<br>（收款人盖章）<br>2019年12月12日 | | | 科目（借）<br>对方科目（贷）<br>汇入行解汇日期2019年12月12日<br>复核　出纳<br>记账 | | |

此联是给收款单位的收款通知或取款收据

16. 结转材料成本。

## 材料出库单

2019 年 12 月 12 日　　NO.

| 用途 | 品名 | 规格 | 型号 | 计量单位 | 数量 | 单位成本 | 总成本 |
|---|---|---|---|---|---|---|---|
| 对外销售 | 油漆 | | | 千克 | 50 | 30.00 | 1 500.00 |

发货仓库：第二仓库　　仓库保管：王成　　领货单位：销售科　　领货人：马超

17. 销售产品，货款收到。

## 中国建设银行进账单（收账通知）　1

2019 年 12 月 13 日　　第 031 号

| | | | | | | |
|---|---|---|---|---|---|---|
| 出票人 | 全称 | 宜然之家 | 收款人 | 全称 | 西秦股份有限公司 | |
| | 账号 | 040886504 | | 账号 | 665674890 | |
| | 开户银行 | 工行人民路办事处 | | 开户银行 | 建行西兰路分行 | 行号 7310 |

| 人民币（大写） | 千 | 百 | 十 | 万 | 千 | 百 | 十 | 元 | 角 | 分 |
|---|---|---|---|---|---|---|---|---|---|---|
| 壹拾陆万柒仟零肆拾元整 | | ¥ | 1 | 6 | 7 | 0 | 4 | 0 | 0 | 0 |

| 票据种类 | 转账支票 |
|---|---|
| 票据张数 | 1 |

单位主管　李贺　　会计　吴亮
复核　李源　　记账　刘悦

建行西兰路分行
2019.12.13
收讫
收款人开户行盖章

此联是收款人开户银行交给收款人的收账通知

## 陕西增值税专用发票

No. 51030398534

陕西省

开票日期：2019 年 12 月 13 日

| | | | | | | | |
|---|---|---|---|---|---|---|---|
| 购货单位 | 名　　称：宜然之家<br>纳税人识别号：93874890127<br>地 址 、电 话：陕西咸阳 029－33907483<br>开户行及账号：工行人民路办事处 040886504 | | | | 密码区 | | |
| 货物或应税劳务的名称 | 规格型号 | 单位 | 数量 | 单价 | 金额 | 税率 | 税额 |
| 衣柜 | | 组 | 6 | 24 000 | 144 000 | 16% | 23 040 |
| 合计 | | | | | ￥144 000. 00 | | ￥23 040. 00 |
| 价税合计（大写） | 人民币壹拾陆万柒仟零肆拾元整 | | | | | | ￥167 040. 00 |
| 销货单位 | 名　　称：西秦股份有限公司<br>纳税人识别号：10000200001010900<br>地 址 、电 话：陕西咸阳 029－33696782<br>开户行及账号：建行西兰路分行 665674890 | | | | 备注 | 西秦股份有限公司 财务专用章 | |

第二联　记账联

收款人：张铭雨　　复核：李源　　开票人：吴亮　　销货单位（章）：

18. 收到商标权使用费。

## 中国建设银行进账单（收账通知）　1

2019 年 12 月 14 日　　第 035 号

| | | | | | |
|---|---|---|---|---|---|
| 出票人 | 全称 | 三林家居市场 | 收款人 | 全称 | 西秦股份有限公司 |
| | 账号 | 8374028913 | | 账号 | 665674890 |
| | 开户银行 | 工行人民路分行 | | 开户银行 | 建行西兰路分行　行号 7310 |
| 人民币（大写） | 叁拾万元整 | | | 千百十万千百十元角分 | ￥30000000 |
| 票据种类 | 转账支票、发票 | | | | |
| 票据张数 | 2 | | | | |
| 单位主管 李贺　会计 吴亮<br>复核 李源　记账 刘悦 | | | 建行西兰路分行 2019.12.14 收讫 | 收款人开户行盖章 | |

此联是收款人开户银行交给收款人的收账通知

19. 收到代销商的代销清单，按合同规定，代销手续费为销售收入的 5‰，其余款项已收到，并结转代销产品成本。

## 中国建设银行进账单（收账通知）　1

2019 年 12 月 15 日　　　　第 042 号

| | | | | | | | | | | | | | | | |
|---|---|---|---|---|---|---|---|---|---|---|---|---|---|---|---|
| 出票人 | 全称 | 秦都进出口代理公司 | 收款人 | 全称 | 西秦股份有限公司 | | | | | | | | | | |
| | 账号 | 0402650219722 | | 账号 | 665674890 | | | | | | | | | | |
| | 开户银行 | 工行市中心支行 | | 开户银行 | 建行西兰路分行 | 行号 | 7310 | | | | | | | | |
| 人民币（大写） | 壹拾叁万捌仟陆佰元整 | | | | 千 | 百 | 十 | 万 | 千 | 百 | 十 | 元 | 角 | 分 | |
| | | | | | | ¥ | 1 | 3 | 8 | 6 | 0 | 0 | 0 | 0 | |
| 票据种类 | 转账支票 | | | | | | | | | | | | | | |
| 票据张数 | 1 张 | | | | | | | | | | | | | | |
| 单位主管 李贺　会计 吴亮<br>复核 李源　记账 刘悦 | | | 建行西兰路分行 2019.12.15 收讫<br>持票人开户行盖章 | | | | | | | | | | | | |

## 陕西省增值税专用发票

No. 51098710015

开票日期：2019 年 12 月 15 日

| | | | | | | | | |
|---|---|---|---|---|---|---|---|---|
| 购货单位 | 名　　称：秦都进出口代理公司<br>纳税人识别号：590155640925331<br>地 址 、电 话：咸阳市人民路 029－33229888<br>开户行及账号：工行中心支行 0402650219722 | | | | 密码区 | | | |
| 货物或应税劳务的名称 | 规格型号 | 单位 | 数量 | 单价 | 金额 | 税率 | 税额 | |
| 书柜 | | 组 | 6 | 20 000 | 120 000 | 16% | 19 200 | |
| 合计 | | | | | ¥120 000.00 | | ¥19 200.00 | |
| 价税合计（大写） | 人民币壹拾叁万玖仟贰佰元整 | | | | | | ¥139 200.00 | |
| 销货单位 | 名　　称：西秦股份有限公司<br>纳税人识别号：100002000001010900<br>地 址 、电 话：陕西咸阳 029－33696782<br>开户行及账号：建行西兰路分行 665674890 | | | | 备注 | 西秦股份有限公司 财务专用章 | | |

第三联 记账联

收款人：张铭雨　　复核：李源　　开票人：吴亮　　销货单位（章）：

## 代销清单

委托单位：西秦股份有限公司　　　　2019 年 12 月 15 日

| 品名 | 规格 | 型号 | 计量单位 | 收货 | 销货 | 结存 | 单位销价 | 金额 | 税金 | 总金额 |
|---|---|---|---|---|---|---|---|---|---|---|
| 书柜 | | | 组 | 6 | 6 | 0 | 20 000 | 120 000 | 19 200 | 139 200 |

代销单位：秦都进出口代理公司　　　　经办人：侯胜

## 陕西省咸阳市普通发票

陕西省

2019 年 12 月 15 日

<table>
<tr><td rowspan="2">购货单位（人）</td><td>名称</td><td colspan="4">西秦股份有限公司</td><td colspan="9">识别号或身份证号 10000200001010900</td></tr>
<tr><td>地址</td><td colspan="3">陕西省咸阳市文林路 37 号</td><td>电话</td><td colspan="9">029－33696782</td></tr>
<tr><td colspan="3" rowspan="2">品名</td><td rowspan="2">规格</td><td rowspan="2">单位</td><td rowspan="2">数量</td><td rowspan="2">单价</td><td colspan="8">金额</td></tr>
<tr><td>十</td><td>万</td><td>千</td><td>百</td><td>十</td><td>元</td><td>角</td><td>分</td></tr>
<tr><td colspan="3">代销产品手续费 5‰</td><td></td><td></td><td></td><td></td><td></td><td></td><td></td><td>6</td><td>0</td><td>0</td><td>0</td><td>0</td></tr>
<tr><td colspan="3"></td><td></td><td></td><td></td><td></td><td></td><td></td><td></td><td></td><td></td><td></td><td></td><td></td></tr>
<tr><td colspan="3"></td><td></td><td></td><td></td><td></td><td></td><td></td><td></td><td></td><td></td><td></td><td></td><td></td></tr>
<tr><td>合计（大写）</td><td colspan="6">人民币陆佰元整</td><td></td><td></td><td>¥</td><td>6</td><td>0</td><td>0</td><td>0</td><td>0</td></tr>
<tr><td rowspan="2">销货单位</td><td>名称</td><td colspan="2">秦都进出口代理公司</td><td colspan="3">纳税人识别号</td><td colspan="8">590155640925331</td></tr>
<tr><td>地址、电话</td><td colspan="2">陕西咸阳 029－33229888</td><td colspan="3">开户银行及账号</td><td colspan="8">中行人民路分行 928382732</td></tr>
</table>

第二联　发票联

销货单位（章）：　　　　财务：陈东　　　　开票人：赵楠

## 委托代销商品成本结算单

2019 年 12 月 15 日　　　　单位：元

| 品名 | 单位 | 销售数量 | 单位成本 | 总成本 |
|---|---|---|---|---|
| 书柜 | 组 | 6 | 15 000 | 90 000 |
| | | | | |
| 合计 | | | | 90 000 |

20. 收到银行转来的电费发票。

6100182710 **陕西增值税专用发票** No. 5393878753

陕西省

开票日期：2019年12月16日

| | | | | | | | |
|---|---|---|---|---|---|---|---|
| 购货方 | 名　　称：西秦股份有限公司<br>纳税人识别号：100020000101090<br>地 址 、电 话：陕西咸阳 029－33696782<br>开户行及账号：建行西兰路分行 665674890 | | | | 密码区 | | |
| 货物或应税劳务服务名称 | 规格型号 | 单位 | 数量 | 单价 | 金额 | 税率 | 税额 |
| 电费 | 工业用电 | 度 | 12 000 | 1.5 | 12 600 | 16% | 2 016 |
| 电费 | 居民用电 | 度 | 5 000 | 0.8 | 4 000 | | 640 |
| 合计 | | | | | 16 600 | | 2 656 |
| 价税合计（大写） | 人民币壹万玖仟贰佰伍拾陆元整 | | | | | ￥19 256.00 | |
| 销货方 | 名　　称：咸阳市供电局<br>纳税人识别号：786539021347804<br>地 址 、电 话：咸阳市东仪路22号 029－87321560<br>开户行及账号：建行咸阳东仪路支行 098654985412 | | | | 备注 | 西秦股份有限公司 财务专用章 | |

收款人：李沁　　复核：张大大　　开票人：董冬冬　　销售方（章）：

第三联 发票联 购买方记账凭证

**电费计算表**

2019年12月16日

| 受益部门 | 耗用量（千瓦时） | 单价 | 金额 |
|---|---|---|---|
| 车间 | 12 000 | 1.05 | 12 600 |
| 行政管理部门 | 3 000 | 0.8 | 2 400 |
| 销售部门 | 2 000 | 0.8 | 1 600 |
| 合计 | 17 000 | | 16 600 |

复核：陈晓　　制表：李文

## 中国银行电子转账凭证（回单）

2019 年 12 月 16 日　　　　第 43 号

| | | | | | |
|---|---|---|---|---|---|
| 付款人 | 全称 | 西秦股份有限公司 | 收款人 | 全称 | 咸阳市供电局 |
| | 账号 | 665674890 | | 账号 | 098654985412 |
| | 开户银行 | 建行西兰路分行 | | 开户银行 | 建行咸阳东仪路支行 |

| 人民币（大写） | 千 | 百 | 十 | 万 | 千 | 百 | 十 | 元 | 角 | 分 |
|---|---|---|---|---|---|---|---|---|---|---|
| 壹万玖仟贰佰伍拾陆元整 | | | ¥ | 1 | 9 | 2 | 5 | 6 | 0 | 0 |

备注：转付电费

建行西兰路支行 2019.12.16 转讫

付款人开户行盖章

此联是持票人开户行给持票人的付款通知

21. 支付总经理专车汽车保养费。

## 陕西省咸阳市普通发票

全国统一发票监制章 陕西省 国家税务局监制

2019 年 12 月 17 日

| | | | | | | | | | | | | | | | |
|---|---|---|---|---|---|---|---|---|---|---|---|---|---|---|---|
| 购货单位（人） | 名称 | 西秦股份有限公司 | | 识别号或身份证号 10000200001010900 | | | | | | | | | | | |
| | 地址 | 陕西省咸阳市文林路 37 号 | | 电话 | 029 - 33696782 | | | | | | | | | | |
| 品名 | | | 规格 | 单位 | 数量 | 单价 | 金额 | | | | | | | | |
| | | | | | | | 十 | 万 | 千 | 百 | 十 | 元 | 角 | 分 | |
| 汽车保养费 | | | | | | | | ¥ | 5 | 0 | 0 | 0 | 0 | 0 | |
| | | | | | | | | | | | | | | | |
| | | | | | | | | | | | | | | | |
| 合计（大写） | | 人民币伍仟元整 | | | | | | ¥ | 5 | 0 | 0 | 0 | 0 | 0 | |
| 销货单位 | 名称 | 咸阳市汽车维修站 | | 纳税人识别号 | 590156889010112 | | | | | | | | | | |
| | 地址、电话 | 陕西咸阳 029 - 56367895 | | 开户银行及账号 | 工行秦北路分行 920985745 | | | | | | | | | | |

第二联　发票联

咸阳市汽车维修站 财务专用章

销货单位（章）：市汽车维修站　　财务：刘宏斌　　开票人：赵云

中国建设银行
转账支票存根　（陕）

$\frac{B}{0}\frac{B}{2}$ 59012038

附加信息

出票日期　2019年12月17日

| | |
|---|---|
| 收款人：市汽车维修站 | |
| 金　额：¥5 000.00 | |
| 用　途：付汽车保养费 | |

单位主管　李贺　　　会计　李源

22. 以银行存款支付广告费。

中国建设银行
转账支票存根　（陕）

$\frac{B}{0}\frac{B}{2}$ 59112039

附加信息

出票日期　2019年12月18日

| | |
|---|---|
| 收款人：红花广告公司 | |
| 金　额：¥3 500.00 | |
| 用　途：广告制作费 | |

单位主管　李贺　　　会计　李源

## 陕西省咸阳市普通发票

客户名称：西秦股份有限公司　　陕西省 2019年12月18日　全国统一发票监制章 国家税务局监制

| 项目 | 单位 | 数量 | 单价 | 金额 万 | 千 | 百 | 十 | 元 | 角 | 分 |
|---|---|---|---|---|---|---|---|---|---|---|
| 广告制作 | 次 | 10 | 3 500 | | 3 | 5 | 0 | 0 | 0 | 0 |
| | | | | | | | | | | |
| 合计 | | | | ¥ | 3 | 5 | 0 | 0 | 0 | 0 |
| 合计金额（大写） | 人民币叁仟伍佰元整 | | | | | | | | | |

②报销凭证

单位（盖章有效）：　　开票人：申东红　　收款人：张超

红花广告公司 财务专用章

23. 接受台商王林凡先生捐赠。

## 陕西省咸阳市工业企业销售统一发票

客户名称：王林凡　　陕西省 2019年12月19日　全国统一发票监制章 国家税务局监制

| 品名 | 规格 | 单位 | 数量 | 单价 | 金额 百 | 十 | 万 | 千 | 百 | 十 | 元 | 角 | 分 | 备注 |
|---|---|---|---|---|---|---|---|---|---|---|---|---|---|---|
| 东风客车 | | 辆 | 1 | 85 800 | | | 8 | 5 | 8 | 0 | 0 | 0 | 0 | |
| | | | | | | | | | | | | | | |
| | | | | | | | | | | | | | | |
| 合计人民币 | （大写）捌万伍仟捌佰元整 | | | | | ¥ | 8 | 5 | 8 | 0 | 0 | 0 | 0 | |

填票人：　　收款人：吴丹　　单位名称（盖章）：

川桥新城公司 财务专用章

## 捐赠资产交接单

2019 年 12 月 19 日

| 资产名称 | 规模 | 单位 | 数量 | 预计使用年限 | 已使用年限 | 发票价格或重置价值 | 已提折旧 | 净值 | 备注 |
|---|---|---|---|---|---|---|---|---|---|
| 东风客车 | 45 座 | 辆 | 1 | 10 | / | 85 800 | / | 85 800 | 附发票 |
| | | | | | | | | | |
| | | | | | | | | | |

| 捐赠人 | （公章）<br>经办人：林可凡 | 被捐赠人 | （公章）<br>经办人：何君 |
|---|---|---|---|

24. 向灾区捐款，以转账支票支付。

中国建设银行
转账支票存根　（陕）

$\frac{B}{0}\frac{B}{2}$ 59012040

附加信息

出票日期　2019 年 12 月 19 日

| |
|---|
| 收款人：陕西省红十字会 |
| 金　额：￥50 000. 00 |
| 用　途：灾区捐款 |

单位主管：李贺　　会计：李源

## 陕西省事业性收费收款票据

缴款人：西秦股份有限公司　　　　2019 年 12 月 20 日　　　　No. 0436751

| 收费项目 | 数量 | 单位 | 单价 | 金额 | | | | | | | |
|---|---|---|---|---|---|---|---|---|---|---|---|
| | | | | 十 | 万 | 千 | 百 | 十 | 元 | 角 | 分 |
| 捐款 | | | | | 5 | 0 | 0 | 0 | 0 | 0 | 0 |
| | | | | | | | | | | | |
| | | | | | | | | | | | |
| 金额合计（大写） | 人民币伍万元整 | | | | 5 | 0 | 0 | 0 | 0 | 0 | 0 |

第二联（收据）执收单位收款人

盖章后退缴款人

执收单位：　　　　开票人：许虎　　　　收款人：王丽

25. 现金支付环保局罚款。

## 陕西省行政事业单位收款收据

2019 年 12 月 20 日

交款单位　西秦股份有限公司

人民币（大写）　叁仟元整　　　　¥3 000. 00

摘　　要　收取西秦环保罚金

| | |
|---|---|
| 现金 | √ |
| 支票 | |
| 转账 | |

现金收讫

收款单位（盖章有效）　　　　财务　刘芳　经手人　曲宁

第二联　交款单位记账凭证

26. 12 月 31 日，取得短期借款。

## 中国建设银行短期借款合同

合同单位：

中国建设银行西兰路分行（以下简称“贷款方”）

西秦股份有限公司（以下简称“借款方”）

为明确各自责任，严守合同，特签订本合同，双方共同遵守。

一、贷款种类：工业企业流动资金借款。

二、借款金额：肆拾万元整。

三、借款用途：采购原材料。

四、借款利率：月利率为 4.5‰，按月计息，按季支付，到期还本。

五、借款期限：借款期限约定为 6 个月，即从 2019 年 12 月 31 日到 2020 年 6 月 30 日。

六、还款资金来源：主营业务收入。

七、还款方式：转账。

八、违约责任：（略）

合同附件：（略）

本合同经双方签字后生效，贷款本息全部偿付后失效。

本合同一式两份，贷款方、借款方各执一份，合同副本四份，报送有关单位各留存一份。

贷款方：中国建设银行西兰路分行

法人代表：袁凯

借款方：西秦股份有限公司

借款方开户银行：建行西兰路分行

账号：665674890

法人代表：王明

2019 年 12 月 31 日

## 中国建设银行借款借据（收账通知）⑤

借款企业名称：西秦股份有限公司　　2019 年 12 月 31 日

| | | | | | | | | | | | | | |
|---|---|---|---|---|---|---|---|---|---|---|---|---|---|
| 贷款种类 | 短期借款 | 借款企业开户行及账号 | 建行西兰路分行 665674890 | | | | | | | | | | |
| 借款金额 | 人民币（大写）肆拾万元整 | | 千 | 百 | 十 | 万 | 千 | 百 | 十 | 元 | 角 | 分 | |
| | | | | ¥ | 4 | 0 | 0 | 0 | 0 | 0 | 0 | 0 | |
| 借款用途：采购原材料 | | 还款方式：按月计提，按季支付利息，到期还本 | | | | | | | | | | | |
| 约定还款期限：2020 年 6 月 30 日 | | 利率：4.5‰/月 | | | | | | | | | | | |
| 上列借款已批准发放，转入你单位存款账户。<br>此致<br>单位<br>（银行签章）<br>建行西兰路分行 2019.12.31 转讫 | | 单位分录：<br>（借）<br>（贷）<br>单位主管 李贺　会计 吴亮<br>复核 李源　记账 刘悦<br>2019 年 12 月 31 日 | | | | | | | | | | | |

此联转账后退还借款单位

27. 计提本月借款利息（列入财务费用）。

## 利息费用计算表

2019 年 12 月 31 日

| 贷款银行 | 借款种类 | 累积数 | 月利率 | 利息额 |
|---|---|---|---|---|
| 西兰路分行 | 流动资金借款 | 370 000 | 0. 0045 | 1 665 |
| 西兰路分行 | 周转资金借款 | 130 000 | 0. 0047 | 611 |
| 西兰路分行 | 长期借款 | 800 000 | 0. 0055 | 4 400 |
| 小计 | | | | 6 676 |

审核：李源　　　　制单：李丹

28. 支付本季度短期借款利息。

## 中国建设银行计收利息清单（支款通知）

2019 年 12 月 31 日

<table>
<tr><td>户名</td><td colspan="12">西秦股份有限公司</td><td>账号</td><td>665674890</td></tr>
<tr><td colspan="2">计息起止时间</td><td colspan="11">2019 年 10 月 1 日到 2019 年 12 月 31 日</td><td colspan="2" rowspan="5">左列贷款利息业已从你单位账户扣付<br><br>（银行签章）</td></tr>
<tr><td rowspan="4">贷款种类</td><td>贷款账号</td><td>计息基数</td><td>月利率</td><td>本期应计利息额</td><td colspan="8">本期应付利息额</td></tr>
<tr><td></td><td>370 000</td><td>0. 0045</td><td>1 665</td><td colspan="8">4 995</td></tr>
<tr><td></td><td>130 000</td><td>0. 0047</td><td>611</td><td colspan="8">1 833</td></tr>
<tr><td></td><td>800 000</td><td>0. 0055</td><td>4 400</td><td colspan="8">13 200</td></tr>
<tr><td colspan="2" rowspan="2">汇票金额<br>人民币（大写）</td><td colspan="3" rowspan="2">贰万零贰拾捌元整</td><td>十</td><td>万</td><td>千</td><td>百</td><td>十</td><td>元</td><td>角</td><td>分</td><td colspan="2" rowspan="2">转账日期 2019 年 12 月 31 日</td></tr>
<tr><td>¥</td><td>2</td><td>0</td><td>0</td><td>2</td><td>8</td><td>0</td><td>0</td></tr>
</table>

单位主管　李贺　　会计　吴亮　　复核　李源　　记账　刘悦

29. 取得基建借款。

## 中国建设银行借款合同

订立合同单位：

借款单位：（简称甲方） 西秦股份有限公司

贷款银行：（简称乙方） 中国建设银行西兰路分行

甲方为扩大生产规模，新建机加工二车间的需要，特向乙方申请借款，经乙方审查，同意贷款。为明确责任，恪守签订本合同，双方共同遵守。

一、甲方向乙方借款人民币（大写）陆拾万元整，规定用于机加工二车间的建设。

二、借款期限约定为2年。即从2019年12月31日到2021年12月31日。

三、借款用途：新建机加工二车间，甲方保证按规定用途使用借款。

四、借款利率：月息按5.5‰计算，如遇国家利率调整，按调整后规定计算。

五、甲方保证按规定期限归还利息及本金。若甲方不能按期归还，乙方有权从甲方存款户中扣除。

六、违约责任（略）

双方商定的其他条数：（略）

本合同自签订之日起生效，本息清偿完后自动失效。

本合同正本三份，甲方、乙方及担保方各执一份，副本四份，送有关部门。

借款单位：西秦股份有限公司　　　　法定代表人：王明

贷款单位：中国建设银行西兰路分行　　　　法定代表人：袁凯

担保单位：陕西机床附件厂　　　　法定代表人：杜龙

## 中国建设银行借款借据（收款通知） ⑤

借款企业名称：西秦股份有限公司　　　　2019年12月31日

<table>
<tr><td>借款种类</td><td colspan="2">长期借款</td><td>借款企业<br>开户行及账号</td><td colspan="10">建行西兰路分行 665674890</td></tr>
<tr><td rowspan="2">借款金额</td><td colspan="3" rowspan="2">人民币（大写）陆拾万元整</td><td>千</td><td>百</td><td>十</td><td>万</td><td>千</td><td>百</td><td>十</td><td>元</td><td>角</td><td>分</td></tr>
<tr><td></td><td>¥</td><td>6</td><td>0</td><td>0</td><td>0</td><td>0</td><td>0</td><td>0</td><td>0</td></tr>
<tr><td colspan="3">借款用途：用于机加工二车间建设</td><td colspan="11">还款方式：到期一次还本付息</td></tr>
<tr><td colspan="3">约定还款期限：2021年12月31日</td><td colspan="11">利率：5.5‰/月</td></tr>
<tr><td colspan="3">上列借款已批准发放，转入你单位存款账户。<br>建行西兰路分行<br>2019.12.31<br>转讫<br>此致<br>单位<br>（银行签章）</td><td colspan="11">单位分录：<br>（借）<br>（贷）<br>单位主管 李贺　　会计 吴亮<br>复核 李源　　记账 刘悦<br>2019年12月31日</td></tr>
</table>

此联转账后退还借款单位

30. 支付到期的长期借款本金。

中国建设银行陕西省分行特种转账贷方传票

2019年12月31日

<table>
<tr><td rowspan="3">付款单位</td><td>全称</td><td colspan="3">西秦股份有限公司</td><td rowspan="3">收款单位</td><td>全称</td><td colspan="3">中国建设银行西兰路分行</td></tr>
<tr><td>账号或地址</td><td colspan="3">陕西咸阳 665674890</td><td>账号或地址</td><td colspan="3">陕西咸阳</td></tr>
<tr><td>开户银行</td><td>西兰路分行</td><td>行号</td><td>7310</td><td>开户银行</td><td>西兰路分行</td><td>行号</td><td>7310</td></tr>
<tr><td colspan="2">人民币（大写）</td><td colspan="6">叁万陆仟元整</td><td colspan="2">千 百 十 万 千 百 十 元 角 分<br>¥ 3 6 0 0 0 0 0</td></tr>
<tr><td colspan="5">说明：<br><br>（银行签章）</td><td colspan="5">科目（贷）<br>对方科目（借）<br><br>复核：李源　　记账：刘悦</td></tr>
</table>

②支票通知

31. 支付到期的短期借款本金。

中国建设银行
转账支票存根　（陕）

$\frac{B}{0}\frac{B}{2}$ 59012041

附加信息

出票日期　2019年12月31日

| | |
|---|---|
| 收款人： | 建行西兰路分行 |
| 金　额： | ¥130 000.00 |
| 用　途： | 支付借款本金 |

单位主管：李贺　　会计：李源

32. 2019 年 12 月 31 日发行债券。

## 代理发行企业债券协议书

发行债券单位：西秦股份有限公司　　（甲方）

代理发行债券单位：中国建设银行西兰路分行　　（乙方）

为保证甲方生产经营的正常进行，经中国人民银行陕西省分行秦都区支行批准，发行企业债券叁佰万元，期限为 2 年，月利率为 2‰，委托乙方代理发行，为明确责任，经双方协商签订以下协议：

一、甲方承担债券的全部风险和责任，债券的设计、印刷广告宣传费用均由甲方负责。

二、乙方负责债券的保管、发行、兑付等工作，不承担债券到期不能按时兑付本息的经济及法律责任。

三、债券发行完毕，甲方向乙方按实际发行额的 5‰支付代理发行兑付手续费，债券发行结束 3 日内，乙方将全部所销债券资金转到甲方账户上。

四、债券到期前 5 日，甲方须将全债券本息转到乙方账户，债券到期由乙方兑付债券本息。

五、发行债券所筹资金只能用于生产经营性固定资产的购建，不能挪为他用。

六、本协议一式四份，甲、乙双方各执一份，返送人民银行两份，协议自人民银行批准后生效。

发行债券单位：西秦股份有限公司　　　　法定代表人：王明

代理发行单位：中国建设银行西兰路分行　　法定代表人：袁凯

2019 年 12 月 31

建设银行转来债券款。

## 中国建设银行特种转账贷方凭证

2019 年 12 月 31 日

<table>
<tr><td rowspan="3">付款人</td><td>全称</td><td colspan="3">建行西兰路分行</td><td rowspan="3">收款人</td><td>全称</td><td colspan="3">西秦股份有限公司</td></tr>
<tr><td>账号或地址</td><td colspan="3">陕西咸阳</td><td>账号或地址</td><td colspan="3">陕西咸阳 665674890</td></tr>
<tr><td>开户银行</td><td>本行</td><td>行号</td><td>7310</td><td>开户银行</td><td>建行西兰路分行</td><td>行号</td><td>7310</td></tr>
<tr><td>金额</td><td colspan="9">人民币（大写）贰佰玖拾捌万伍仟元整<br>亿 千 百 十 万 千 百 十 元 角 分<br>¥ 2 9 8 5 0 0 0 0 0</td></tr>
<tr><td colspan="2">原凭证金额</td><td></td><td>赔偿金</td><td></td><td colspan="5" rowspan="3">科目（贷）：<br>对方科目（借）：<br>事后监督<br>复核：李源　　记账：刘悦</td></tr>
<tr><td colspan="2">原凭证名称</td><td></td><td>号码</td><td></td></tr>
<tr><td colspan="2">转账原因</td><td colspan="3">债券款</td></tr>
</table>

33. 编制并计提 2019 年 12 月工资表及工资分配表。

（1）基础资料（编制工资表附件）。

①2019 年 12 月日历。

**公元 2019 年 12 月**

| 日 | 一 | 二 | 三 | 四 | 五 | 六 |
|---|---|---|---|---|---|---|
| 1 | 2 | 3 | 4 | 5 | 6 | 7 |
| 8 | 9 | 10 | 11 | 12 | 13 | 14 |
| 15 | 16 | 17 | 18 | 19 | 20 | 21 |
| 22 | 23 | 24 | 25 | 26 | 27 | 28 |
| 29 | 30 | 31 | | | | |
| | | | | | | |

②2019 年 12 月调整工资通知。

调整工资通知

财务部：

经公司董事会关于调整员工工资的决定，自 2019 年 12 月起，贺宏、韩小芬基本工资每人每月增加 70 元，从 2019 年 12 月开始执行，特此通知。

西秦股份有限公司人事部

2019 年 11 月 30 日

③加工一车间第一小组 2019 年 11 月工资卡（单位：元）。

| 序号 | 姓名 | 基本工资 | 物价补贴 | 夜班津贴 | 序号 | 姓名 | 基本工资 | 物价补贴 | 夜班津贴 |
|---|---|---|---|---|---|---|---|---|---|
| 1 | 李玉华 | 3 150 | 220 | 300 | 7 | 王小亮 | 1 900 | 220 | |
| 2 | 张强 | 2 450 | 220 | 250 | 8 | 张新怀 | 1 750 | 220 | |
| 3 | 王强 | 2 350 | 220 | | 9 | 王全民 | 1 560 | 220 | |
| 4 | 田小宝 | 2 200 | 220 | | 10 | 张新明 | 1 300 | 220 | |
| 5 | 杨新 | 2 100 | 220 | | 11 | 贺宏 | 1 130 | 220 | |
| 6 | 田胜利 | 2 000 | 220 | | 12 | 韩小芬 | 980 | 220 | 120 |

④加工一车间第一小组 2019 年 12 月考勤汇总统计表（单位：天）。

| 姓名 | 出勤天数 | | | | 缺勤天数 | | | | 备注 |
|---|---|---|---|---|---|---|---|---|---|
| | 出勤 | 加班 | 迟到 | 早退 | 公假 | 伤假 | 病假 | 事假 | |
| 李玉华 | 21 | | | | 9 | | | 1 | |
| 张强 | 22 | | | | 9 | | | | |
| 王强 | 22 | | | | 9 | | | | |
| 田小宝 | 22 | | | | 9 | | | | |
| 杨新 | 21 | | | | 9 | | | 1 | |
| 田胜利 | 22 | | | | 9 | | | | |
| 王小亮 | 22 | | | | 9 | | | | |
| 张新怀 | 22 | | | | 9 | | | | |
| 王全民 | 22 | | | | 9 | | | | |
| 张新明 | 22 | | | | 9 | | | | |
| 贺宏 | 22 | | | | 9 | | | | |
| 韩小芬 | 20 | | | | 9 | | | 2 | |

备注：计算日工资，以 21 天为标准。

工资审核签字：王亮　　部门负责人签字：李玉华　　考勤员签字：张强

⑤加工一车间第一小组 2019 年 12 月代扣款项通知（单位：元）。

| 项目 / 姓名 | 水电费 | 扣款合计 |
|---|---|---|
| 李玉华 | 330 | 330 |
| 张强 | 120 | 120 |
| 王强 | 80 | 80 |
| 田小宝 | 160 | 160 |
| 合计 | | 690 |

制表：李小源　　复核：马小龙

（2）根据上述资料编制 2019 年 12 月加工一车间第一小组工资结算单。

**工资结算单**

部门：加工一车间第一小组　　2019 年 12 月 31 日　　单位：元

| 姓名 | 基本工资 | 津贴和补贴 | | 加班加点工资 | 应扣工资 | | 应付工资 | 代扣款项 | | | | | | | 实发金额 |
|---|---|---|---|---|---|---|---|---|---|---|---|---|---|---|---|
| | | 物价补贴 | 夜班津贴 | | 病假 | 事假 | | 养老金 8% | 失业金 1% | 医疗保险 2% | 住房公积金 5% | 水电费 | 个人所得税 | 小计 | |
| 李玉华 | | | | | | | | | | | | | | | |
| 张强 | | | | | | | | | | | | | | | |
| 王强 | 2 350.00 | 220.00 | 0.00 | 0.00 | 0.00 | 0.00 | 2 570.00 | 205.60 | 25.70 | 51.40 | 128.50 | 80.00 | | 491.20 | 2 078.80 |
| 田小宝 | 2 200.00 | 220.00 | 0.00 | 0.00 | 0.00 | 0.00 | 2 420.00 | 193.60 | 24.20 | 48.40 | 121.00 | 160.00 | | 547.20 | 1 872.80 |
| 杨新 | 2 100.00 | 220.00 | 0.00 | 0.00 | 0.00 | 100.00 | 2 220.00 | 177.60 | 22.20 | 44.40 | 111.00 | 0.00 | | 355.20 | 1 864.80 |
| 田胜利 | 2 000.00 | 220.00 | 0.00 | 0.00 | 0.00 | 0.00 | 2 220.00 | 177.60 | 22.20 | 44.40 | 111.00 | 0.00 | | 355.20 | 1 864.80 |
| 王小亮 | 1 900.00 | 220.00 | 0.00 | 0.00 | 0.00 | 0.00 | 2 120.00 | 169.60 | 21.20 | 42.40 | 106.00 | 0.00 | | 339.20 | 1 780.80 |
| 张新怀 | 1 750.00 | 220.00 | 0.00 | 0.00 | 0.00 | 0.00 | 1 970.00 | 157.60 | 19.70 | 39.40 | 98.50 | 0.00 | | 315.20 | 1 654.80 |
| 王全民 | 1 560.00 | 220.00 | 0.00 | 0.00 | 0.00 | 0.00 | 1 780.00 | 142.40 | 17.80 | 35.60 | 89.00 | 0.00 | | 284.80 | 1 495.20 |
| 张新明 | 1 300.00 | 220.00 | 0.00 | 0.00 | 0.00 | 0.00 | 1 520.00 | 121.60 | 15.20 | 30.40 | 76.00 | 0.00 | | 243.20 | 1 276.80 |
| 贺 宏 | 1 200.00 | 220.00 | 0.00 | 0.00 | 0.00 | 0.00 | 1 420.00 | 113.60 | 14.20 | 28.40 | 71.00 | 0.00 | | 227.20 | 1 192.80 |
| 韩小芬 | | | | | | | | | | | | | | | |
| 合计 | | | | | | | | | | | | | | | |

劳动人事部工资主管审核签字：王亮　　部门主管：李军　　工资核算员：王岚　　复核：李源　　编报日期：2019 年 12 月 31 日

（3）根据上述资料编制2019年12月加工一车间工资结算单。

## 工资结算单

部门：加工一车间　　　　2019年12月31日　　　　单位：元

| 姓名 | 人数 | 基本工资 | 津贴和补贴 | | 加班加点工资 | 应扣工资 | | 应付工资 | 代扣款项 | | | | | | | 实发金额 |
|---|---|---|---|---|---|---|---|---|---|---|---|---|---|---|---|---|
| | | | 物价补贴 | 夜班津贴 | | 病假 | 事假 | | 养老金8% | 失业金1% | 医疗保险2% | 住房公积金5% | 水电费 | 个人所得税 | 小计 | |
| 生产工人 | | | | | | | | | | | | | | | | |
| 第一小组 | | | | | | | | | | | | | | | | |
| 第二小组 | 8 | 14 880.00 | 1 760.00 | 1 030.00 | 1 486.00 | | | 19 156.00 | 1 532.48 | 191.56 | 383.12 | 957.80 | 200.00 | | 3 264.96 | 15 891.04 |
| 小计 | | | | | | | | | | | | | | | | |
| 车间管理人员 | | | | | | | | | | | | | | | | |
| 第一小组 | 5 | 11 000.00 | 1 100.00 | | 1 226.90 | | | 13 326.90 | 1 066.15 | 133.27 | 266.54 | 666.35 | 160.00 | | 2 292.31 | 11 034.59 |
| 第二小组 | 8 | 17 600.00 | 1 760.00 | | 1 429.19 | | | 20 789.19 | 1 663.14 | 207.89 | 415.78 | 1 039.46 | 128.00 | | 3 454.27 | 17 334.92 |
| 小计 | 13 | 28 600.00 | 2 860.00 | | 2 656.09 | | | 34 116.09 | 2 729.29 | 341.16 | 682.32 | 1 705.81 | 288.00 | | 5 746.58 | 28 369.51 |
| | | | | | | | | | | | | | | | | |
| | | | | | | | | | | | | | | | | |
| 合计 | 33 | 66 490.00 | 7 260.00 | 1 700.00 | 4 142.09 | 0.00 | 350.00 | 79 242.09 | 6 339.37 | 792.42 | 1 584.84 | 3 962.11 | 1 178.00 | 0.00 | 13 856.74 | 65 385.35 |

劳动人事部工资主管审核签字：王亮　　部门主管：李军　　工资核算员：王岚　　复核：李源　　编报日期：2019年12月31日

（4）根据上述资料编制2019年12月西秦股份有限公司工资结算汇总表，结转代扣社保、公积金、水电费和个所税（通过“应付职工薪酬——工资”代扣）。

## 西秦股份有限公司工资结算汇总表

2019年12月31日

单位：元

| 类型 | | 职工人数 | 基本工资 | 津贴和补贴 | | 加班工资 | 应扣工资 | | 应付工资 | 代扣款项 | | | | | | | 实发金额 |
|---|---|---|---|---|---|---|---|---|---|---|---|---|---|---|---|---|---|
| 部门 | 类别 | | | 物价补贴 | 夜班津贴 | | 病假 | 事假 | | 养老金8% | 失业金1% | 医疗保险2% | 住房公积金5% | 水电费 | 个人所得税 | 小计 | |
| 加工一车间 | 生产工人 | | | | | | | | | | | | | | | | |
| | 管理人员 | 13 | 28 600.00 | 2 860.00 | 0.00 | 2 656.09 | 0.00 | 0.00 | 34 116.09 | 2 729.29 | 341.16 | 682.32 | 1 705.81 | 288.00 | 0.00 | 5 746.58 | 28 369.51 |
| 加工二车间 | 生产工人 | 86 | 159 960.00 | 18 920.00 | 3 560.00 | 684.14 | 0.00 | 0.00 | 183 124.14 | 14 649.93 | 1 831.24 | 3 662.48 | 9 156.21 | 1 680.00 | 0.00 | 30 979.86 | 152 144.28 |
| | 管理人员 | 4 | 8 800.00 | 880.00 | 0.00 | 202.30 | 0.00 | 0.00 | 9 882.30 | 790.58 | 98.82 | 197.65 | 494.12 | 120.00 | 0.00 | 1 701.17 | 8 181.13 |
| 切割车间 | 生产工人 | 18 | 33 480.00 | 3 960.00 | 1 100.00 | 0.00 | 0.00 | 0.00 | 38 540.00 | 3 083.20 | 385.40 | 770.80 | 1 927.00 | 520.00 | 260.00 | 6 946.40 | 31 593.60 |
| | 管理人员 | 2 | 4 400.00 | 440.00 | 0.00 | 0.00 | 0.00 | 0.00 | 4 840.00 | 387.20 | 48.40 | 96.80 | 242.00 | 60.00 | 0.00 | 834.40 | 4 005.60 |
| 装配车间 | 生产工人 | 29 | 53 940.00 | 6 380.00 | 1 350.00 | 513.00 | 76.91 | 0.00 | 62 106.09 | 4 968.49 | 621.06 | 1 242.12 | 3 105.30 | 600.00 | 0.00 | 10 536.97 | 51 569.12 |
| | 管理人员 | 3 | 6 600.00 | 660.00 | 0.00 | 0.00 | 0.00 | 0.00 | 7 260.00 | 580.80 | 72.60 | 145.20 | 363.00 | 80.00 | 0.00 | 1 241.60 | 6 018.40 |
| 行政管理人员 | | 66 | 171 600.00 | 14 520.00 | 0.00 | 0.00 | 0.00 | 0.00 | 186 120.00 | 14 889.60 | 1 861.20 | 3 722.40 | 9 306.00 | 72.00 | 0.00 | 29 851.20 | 156 268.80 |
| 销售人员 | | 20 | 52 000.00 | 4 400.00 | 12 000.00 | 0.00 | 0.00 | 0.00 | 68 400.00 | 5 472.00 | 684.00 | 1 368.00 | 3 420.00 | 420.00 | 2 260.00 | 13 624.00 | 54 776.00 |
| 合计 | | | | | | | | | | | | | | | | | |

劳动人事部工资主管审核签字：王亮　　部门主管：李军　　工资核算员：王岚　　复核：李源　　编报日期：2019年12月31日

（5）月末进行工资分配。

西秦股份有限公司　工资分配汇总表

2019 年 12 月 31 日

单位：元

| 类别 / 借方 | 生产工人工资 | 车间管理人员工资 | 行政管理人员工资 | 销售人员工资 |
|---|---|---|---|---|
| 生产成本 | | | | |
| 衣柜（加工一车间） | | | | |
| 书柜（加工二车间） | | | | |
| 制造费用 | | | | |
| 加工一车间 | | | | |
| 加工二车间 | | | | |
| 切割车间 | | | | |
| 装配车间 | | | | |
| 管理费用 | | | | |
| 销售费用 | | | | |
| 合计 | | | | |

工资核算员：王岚　　复核：李源　　编报日期：2019 年 12 月 31 日

（6）计提职工福利费、工会经费、职工教育经费、社会保险费。

**西秦股份有限公司 计提职工福利费、工会经费、职工教育经费、社会保险费计提计算表**

2019 年 12 月 31 日

单位：元

| 人员类别 | 基数 | 职工福利费（14%） | 社会保险 | | | | | | 住房公积金（10%） | 工会经费（2%） | 职工教育费（2.5%） | 合计 |
|---|---|---|---|---|---|---|---|---|---|---|---|---|
| | | | 养老保险费（20%） | 失业保险费（2%） | 医疗保险费（6%） | 生育保险费（1%） | 工伤保险费（1%） | 小计 | | | | |
| 生产成本 | | | | | | | | | | | | |
| 衣柜 | | | | | | | | | | | | |
| 书柜 | | | | | | | | | | | | |
| 制造费用 | | | | | | | | | | | | |
| 加工一车间 | | | | | | | | | | | | |
| 加工二车间 | | | | | | | | | | | | |
| 切割车间 | | | | | | | | | | | | |
| 装配车间 | | | | | | | | | | | | |
| 管理费用 | | | | | | | | | | | | |
| 销售费用 | | | | | | | | | | | | |
| 合计 | | | | | | | | | | | | |

工资核算员：王岚　　复核：李源　　编报日期：2019 年 12 月 31 日

34. 期末缴纳增值税。

**中华人民共和国**
**增值税税收缴款书　　陕国缴 05132 号**

注册类型：有限责任公司　　　填发日期：2019 年 12 月 31 日　　征收机关：陕西省国税征管分局

<table>
<tr><td rowspan="4">缴款单位</td><td>代码</td><td>340208830020287</td><td>电话</td><td>029－33696782</td><td rowspan="3">预算科目</td><td>编码</td><td></td></tr>
<tr><td>全称</td><td>西秦股份有限公司</td><td colspan="2"></td><td>名称</td><td></td></tr>
<tr><td>开户行</td><td>建行西兰路分行</td><td colspan="2"></td><td>级次</td><td></td></tr>
<tr><td>账号</td><td>665674890</td><td colspan="2"></td><td colspan="2">收缴国库</td><td>市中心支库</td></tr>
<tr><td colspan="5">缴款所属时间 2019 年 12 月 1 日至 2019 年 12 月 31 日</td><td colspan="3">税款限缴日期 2020 年 1 月 5 日</td></tr>
<tr><td>品目名称</td><td>课税数量</td><td>计税金额或销售数量</td><td>税率或单位税额</td><td colspan="2">已缴或扣除额</td><td colspan="2">实缴金额</td></tr>
<tr><td>工业</td><td></td><td></td><td>16%</td><td colspan="2"></td><td colspan="2">81 024</td></tr>
<tr><td colspan="6">金额合计（大写）人民币捌万壹仟零贰拾肆元整</td><td colspan="2">￥81 024.00</td></tr>
<tr><td colspan="2">缴款单位（人）<br>（盖章）<br>经办人<br>（章）</td><td>税务机关<br>（盖章）<br>填发人<br>（章）</td><td colspan="3">上列款项已收妥并划转收款单位账户<br>国库（银行）盖章<br>2019 年 12 月 31 日</td><td colspan="2">备注：</td></tr>
</table>

中国建设银行
转账支票存根　（陕）
$\frac{B}{0}\frac{B}{2}$ 59012042

附加信息

出票日期　2019 年 12 月 31 日

| | |
|---|---|
| 收款人： | 咸阳市国税局 |
| 金　额： | ￥81 024.00 |
| 用　途： | 缴税 |

单位主管　李贺　　　会计　李源

35. 期末计算应缴城建税、教育费附加。

**营业税金及附加计算表**

2019 年 12 月 31 日

| 税目 | 计税依据 | 税率（%） | 应交税额 |
|---|---|---|---|
| 城市维护建设税 | 81 024 | 7 | 5 671. 68 |
| 教育费附加 | 81 024 | 3 | 2 430. 72 |
| 合计 | | | 8 102. 4 |

制单：吴孟　　　　会计主管：李贺

36. 期末缴纳城建税、教育费附加。

**中华人民共和国**
**城市维护建设税税收缴款书**

注册类型：有限责任公司　　填发日期：2019 年 12 月 31 日　　征收机关：× ×税征管分局

<table>
<tr><td rowspan="4">缴款单位</td><td>代码</td><td>340208830020287</td><td>电话</td><td>029 – 33696782</td><td rowspan="3">预算科目</td><td>编码</td><td></td></tr>
<tr><td>全称</td><td>西秦股份有限公司</td><td colspan="2"></td><td>名称</td><td></td></tr>
<tr><td>开户行</td><td>建行西兰路分行</td><td colspan="2"></td><td>级次</td><td></td></tr>
<tr><td>账号</td><td>665674890</td><td colspan="2"></td><td colspan="2">收缴国库</td><td>市中心支库</td></tr>
<tr><td colspan="5">缴款所属时间 2019 年 12 月 1 日至 2019 年 12 月 31 日</td><td colspan="3">税款限缴日期 2020 年 1 月 5 日</td></tr>
<tr><td>品目名称</td><td>课税数量</td><td>计税金额或销售数量</td><td>税率或单位税额</td><td>已缴或扣除额</td><td colspan="3">实缴金额</td></tr>
<tr><td>增值税</td><td></td><td>81 024</td><td>7%</td><td></td><td colspan="3">5 671. 68</td></tr>
<tr><td colspan="5">金额合计（大写）人民币伍仟陆佰柒拾壹元陆角捌分</td><td colspan="3">¥5 671. 68</td></tr>
<tr><td>缴款单位（人）<br>（盖章）<br>经办人<br>（章）</td><td>税务机关<br>（盖章）<br>填发人<br>（章）</td><td colspan="3">上列款项已收妥并划转收款单位账户<br>国库（银行）盖章<br>2019 年 12 月 31 日</td><td colspan="3">备注：</td></tr>
</table>

**中华人民共和国**
**教育费附加税收缴款书**

注册类型：有限责任公司　　填发日期：2019 年 12 月 31 日　　征收机关：××税征管分局

<table>
<tr><td rowspan="4">缴款单位</td><td>代码</td><td>340208830020287</td><td>电话</td><td>029－33696782</td><td rowspan="3">预算科目</td><td>编码</td><td></td></tr>
<tr><td>全称</td><td>西秦股份有限公司</td><td colspan="2"></td><td>名称</td><td></td></tr>
<tr><td>开户行</td><td>建行西兰路分行</td><td colspan="2"></td><td>级次</td><td></td></tr>
<tr><td>账号</td><td>665674890</td><td colspan="2"></td><td colspan="2">收缴国库</td><td>市中心支库</td></tr>
<tr><td colspan="5">缴款所属时间 2019 年 12 月 1 日至 2019 年 12 月 31 日</td><td colspan="3">税款限缴日期 2020 年 1 月 5 日</td></tr>
<tr><td colspan="2">品目名称</td><td>课税数量</td><td>计税金额或销售数量</td><td>税率或单位税额</td><td colspan="2">已缴或扣除额</td><td>实缴金额</td></tr>
<tr><td colspan="2">增值税</td><td></td><td>81 024</td><td>3%</td><td colspan="2"></td><td>2 430. 72</td></tr>
<tr><td colspan="7">金额合计（大写）人民币贰仟肆佰叁拾元柒角贰分</td><td>¥2 430. 72</td></tr>
<tr><td colspan="2">缴款单位（人）<br>（盖章）<br>经办人<br>（章）</td><td>税务机关<br>（盖章）<br>填发人<br>（章）</td><td colspan="4">上列款项已收妥并划转收款单位账户<br>国库（银行）盖章<br>2019 年 12 月 31 日</td><td>备注：</td></tr>
</table>

中国建设银行
转账支票存根　（陕）
$\frac{B}{0}\frac{B}{2}$　59012043

附加信息

出票日期　2019 年 12 月 31 日

| | |
|---|---|
| 收款人： | 咸阳市地税局 |
| 金　额： | ¥8 102. 4 |
| 用　途： | 缴税 |

单位主管　李贺　　会计　李源

37. 期末将本月发生的制造费用全部转入生产成本。

## 制造费用分配表

2019 年 12 月 31 日　　单位：元

| 产品名称 | 分配标准（工时） | 分配率 | 分配金额 |
|---|---|---|---|
| 衣柜 | 300 | | |
| 书柜 | 200 | | |
| 合计 | 500 | | |

38. 期末结转销售产品成本。

## 销售产品成本计算单

2019 年 12 月 31 日　　单位：元

| 品名 | 单位 | 销售数量 | 单位成本 | 总成本 |
|---|---|---|---|---|
| 衣柜 | 组 | 14 | 18 000 | 252 000 |
| 书柜 | 组 | 8 | 15 000 | 120 000 |
| 合计 | | | | 372 000 |

39. 期末将本期损益类账户转入“本年利润”。
40. 计算并确认本期应交所得税（假设会计利润等于应纳税所得额，无递延所得税）。
41. 结转所得税费用。
42. 结转 2019 年全年利润到“利润分配”账户。
43. 按年度利润的 10% 提取法定盈余公积金。

44. 用资本公积、盈余公积转增资本。

西秦股份有限公司文件

厂办字第 10 号

## 关于用资本公积和盈余公积转增资本的决议

各位股东：

经研究决定，用资本公积 8 万元和盈余公积金 13 万元转增资本金。

法人代表：王明

西秦股份有限公司

2019 年 12 月 31 日

45. 向投资者分配利润 3 000 元。

46. 将“利润分配”其他明细账的余额转入“未分配利润”明细账。

## 发生额及余额试算平衡表

编制单位：　　　　　　　　　　　　年　月　日　　　　　　　　　　　　单位：

| 编号 | 总账科目 | 期初余额 | | 本期发生额 | | 期末余额 | |
|---|---|---|---|---|---|---|---|
| | | 借方 | 贷方 | 借方 | 贷方 | 借方 | 贷方 |
| | | | | | | | |
| | | | | | | | |
| | | | | | | | |
| | | | | | | | |
| | | | | | | | |
| | | | | | | | |
| | | | | | | | |
| | | | | | | | |
| | | | | | | | |
| | | | | | | | |
| | | | | | | | |
| | | | | | | | |
| | | | | | | | |
| | | | | | | | |
| | | | | | | | |
| | | | | | | | |
| | | | | | | | |
| | | | | | | | |
| | | | | | | | |
| | | | | | | | |
| | | | | | | | |
| | | | | | | | |
| | | | | | | | |
| | | | | | | | |
| | | | | | | | |
| | | | | | | | |
| | | | | | | | |

## 发生额及余额试算平衡表

编制单位： 年 月 日 单位：

| 编号 | 总账科目 | 期初余额 | | 本期发生额 | | 期末余额 | |
|---|---|---|---|---|---|---|---|
| | | 借方 | 贷方 | 借方 | 贷方 | 借方 | 贷方 |
| | | | | | | | |
| | | | | | | | |
| | | | | | | | |
| | | | | | | | |
| | | | | | | | |
| | | | | | | | |
| | | | | | | | |
| | | | | | | | |
| | | | | | | | |
| | | | | | | | |
| | | | | | | | |
| | | | | | | | |
| | | | | | | | |
| | | | | | | | |
| | | | | | | | |
| | | | | | | | |
| | | | | | | | |
| | | | | | | | |
| | | | | | | | |
| | | | | | | | |
| | | | | | | | |
| | | | | | | | |
| | | | | | | | |
| | | | | | | | |
| | | | | | | | |
| | | | | | | | |
| | | | | | | | |

## 资产负债表

编制单位：　　　　　　　　　　　　　　　年　月　日　　　　　　　　　　　　　　　单位：

| 资产 | 行数 | 期末余额 | 期初余额 | 负债和所有者权益（或股东权益） | 行数 | 期末余额 | 期初余额 |
|---|---|---|---|---|---|---|---|
| 流动资产： | | | | 流动负债： | | | |
| 货币资金 | 1 | | | 短期借款 | 1 | | |
| 交易性金融资产 | 2 | | | 交易性金融负债 | 2 | | |
| 衍生金融资产 | 3 | | | 衍生金融负债 | 3 | | |
| 应收票据及应收账款 | 4 | | | 应付票据及应付账款 | 4 | | |
| 预付款项 | 5 | | | 预收款项 | 5 | | |
| 其他应收款 | 6 | | | 合同负债 | 6 | | |
| 存货 | 7 | | | 应付职工薪酬 | 7 | | |
| 合同资产 | 8 | | | 应交税费 | 8 | | |
| 持有待售资产 | 9 | | | 其他应付款 | 9 | | |
| 一年内到期的非流动资产 | 10 | | | 持有待售负债 | 10 | | |
| 其他流动资产 | 11 | | | 一年内到期的非流动负债 | 11 | | |
| 流动资产合计 | 12 | | | 其他流动负债 | 12 | | |
| 非流动资产： | | | | 流动负债合计 | 13 | | |
| 债权投资 | 13 | | | 非流动负债： | 14 | | |
| 其他债权投资 | 14 | | | 长期借款 | 15 | | |
| 长期应收款 | 15 | | | 应付债券 | 16 | | |
| 长期股权投资 | 16 | | | 其中：优先股 | 17 | | |
| 其他权益工具投资 | 17 | | | 永续债 | 18 | | |
| 其他非流动金融资产 | 18 | | | 长期应付款 | 19 | | |
| 投资性房地产 | 19 | | | 预计负债 | 20 | | |
| 固定资产 | 20 | | | 递延收益 | 21 | | |
| 在建工程 | 21 | | | 递延所得税负债 | 22 | | |
| 生产性生物资产 | 22 | | | 其他非流动负债 | 23 | | |

续表

| 资产 | 行数 | 期末余额 | 期初余额 | 负债和所有者权益（或股东权益） | 行数 | 期末余额 | 期初余额 |
|---|---|---|---|---|---|---|---|
| 油气资产 | 23 | | | 非流动负债合计 | 24 | | |
| 无形资产 | 24 | | | 负债合计 | 25 | | |
| 开发支出 | 25 | | | 所有者权益（或股东权益）: | | | |
| 商誉 | 26 | | | 实收资本（或股本） | 26 | | |
| 长期待摊费用 | 27 | | | 其他权益工具 | 27 | | |
| 递延所得税资产 | 28 | | | 其中：优先股 | 28 | | |
| 其他非流动资产 | 29 | | | 永续债 | 29 | | |
| 非流动资产合计 | 30 | | | 资本公积 | 30 | | |
| | | | | 减：库存股 | 31 | | |
| | | | | 其他综合收益 | 32 | | |
| | | | | 盈余公积 | 33 | | |
| | | | | 未分配利润 | 34 | | |
| | | | | 所有者权益合计 | 35 | | |
| 资产总计 | 31 | | | 负债和所有者权益（或股东权益）总计 | 36 | | |

## 利　润　表

编制单位：　　　　　　　　　　年　月　　　　　　　　　　单位：

| 项目 | 行次 | 本期金额 | 上期金额 |
|---|---|---|---|
| 一、营业收入 | 1 | | |
| 减：营业成本 | 2 | | |
| 税金及附加 | 3 | | |
| 销售费用 | 4 | | |
| 管理费用 | 5 | | |
| 研发费用 | 6 | | |
| 财务费用 | 7 | | |
| 其中：利息费用 | 8 | | |
| 利息收入 | 9 | | |
| 资产减值损失 | 10 | | |
| 信用减值损失 | 11 | | |
| 加：其他收益 | 12 | | |
| 投资收益（损失以“－”号填列） | 13 | | |
| 其中：对联营企业和合营企业的投资收益 | 14 | | |
| 净敞口套期收益（损失以“－”号填列） | 15 | | |
| 公允价值变动收益（损失以“－”号填列） | 16 | | |
| 资产处置收益（损失以“－”号填列） | 17 | | |
| 二、营业利润（亏损以“－”号填列） | 18 | | |
| 加：营业外收入 | 19 | | |
| 减：营业外支出 | 20 | | |
| 三、利润总额（亏损总额以“－”号填列） | 21 | | |
| 减：所得税费用 | 22 | | |
| 四、净利润（净亏损以“－”号填列） | 23 | | |
| （一）持续经营净利润（净亏损以“－”号填列） | 24 | | |
| （二）终止经营净利润（净亏损以“－”号填列） | 25 | | |
| 五、其他综合收益的税后净额 | 26 | | |
| （一）不能重分类进损益的其他综合收益 | | | |
| （以下略） | | | |
| （二）将重分类进损益的其他综合收益 | | | |
| （以下略） | | | |